成功事例に学ぶ カリキュラム・マネジメントの進め方

横浜市立南高等学校附属中学校

高橋正尚（初代校長、鎌倉女子大学教授）

小藤俊樹（初代副校長）

教育開発研究所

はじめに

横浜市立・南高等学校附属中学校（略称は南校附属中。以下、本校とする）は、2012年４月に横浜市立南高等学校（以下、南高校とする）の中に開校した、横浜市初の併設型の中高一貫教育校です。

本校の開校時は１年生の４学級だけでしたが、その後、毎年度１学年ずつ増え、2014年度には全学年がそろいました。

この間、３年連続して、生徒の「学校教育内容の満足度」「授業の満足度」「友だち関係の満足度」の肯定的な回答率が90％以上となり、学校経営や教育内容について、短期間で内外から大変高い評価を得ることができました。

こうして本校が当初の予想以上の成果を上げることができた要因の一つに、マネジメントの視点を大切にした学校経営、とくにカリキュラム・マネジメントを核とした学校経営を進めてきたことがあげられます。

そこで本書では、2012～2015年度に取り組んできた本校のカリキュラム・マネジメントの一つのあり方を示すことで、広く小学校から高等学校までの学校経営や教育課程の改善の際の参考にしていただきたいと考えました。

本書の構成として、まず序章では、カリキュラム・マネジメントの基本的な定義や求められる背景などを解説します。

第１章では、学力の向上や生徒の満足度に関する、本校の具体的な成果を紹介します。

第２章では、校長としてどのような学校づくりをめざしたのか、そして第３章では、その実現に向けてどのようなカリキュラムを設計したのかを紹介します。

第４章では、本校のカリキュラム・マネジメントにおける目標達成に向けたPDCAサイクルの回し方を紹介します。

第５章では、本校の総合的な学習の時間「EGG」のカリキュラムを、第６章では国・社・数・理・英の主要５教科と道徳の授業づくりの実際を紹介します。

第７章では、学び合える学級の雰囲気づくりや家庭学習を定着させる方法など、学力向上に向けた様々な取組を紹介します。

第８章では、教員育成のシステムや業務負担の軽減など、カリキュラム・マネジメントを実施するための組織づくりを紹介します。

カリキュラム・マネジメントを核とした学校経営に取り組む際には、牽引力としての校長のリーダーシップが必要不可欠です。

そして、リーダーとしてのモチベーションを維持し、さらに高めていくためには、市民や保護者の期待に応えたいという学校経営者としての情熱と、生徒の資質・能力を伸ばしたいという教育者としての情熱が必要です。

この２つの情熱が教職員に伝わることで、学校全体が教育目標の達成に向けて組織として動いていくのです。

本校の１期生は、2018年３月に南高校を卒業しました。彼らは、何も実績がない本校をわざわざ選んで入学してくれた生徒たちです。

彼らの思いに応えられるように、本校は充実した教育課程を編成し、全力をあげて実施しました。

そうした教職員の努力に応えるように、パワフルな１期生は将来を切り拓こうとする高い意欲をもって大学に進学していきました。その姿は、まるで教職員と生徒の気持ちが相互に美しく共鳴しているかのようでした。

2019年３月には、２期生が卒業しました。東京大学にも８名（うち推薦１名）の生徒が合格したそうです。これからも美しく共鳴し合い、成果を出す学校であってほしいと願っています。

新学習指導要領の全面実施に向けて、学校経営に携わる多くの先生方がカリキュラム・マネジメントの実践例を求めているというお話を、教育開発研究所の武田宣大様よりうかがいました。

また、短期間で成果を出している本校の教育内容に関心をお持ちの方が沢山いらっしゃるということは、本校に勤務していたときから、ひしひしと感じていました。

そこで、本校の初代校長として、初代副校長の小藤俊樹氏とともにカリキュラム・マネジメントに取り組んだ実践の記録をまとめることで、少しでも皆様のお役に立てればと考え、このたび出版の運びとなりました。

授業等の記録については、当時一緒に学校をつくってきた先生方にも協力をいただきました。心より感謝申し上げます。なお、写真につきましては個人が特定されないように一部加工しています。

2019年３月

横浜市立 南高等学校附属中学校 初代校長

高橋　正尚

contents

第7章 学力向上への様々な取組

第8章 カリキュラムを支える組織づくりと人材育成

カリキュラム・マネジメントって何だろう?

カリキュラム・マネジメントって何だろう?

カリキュラム・マネジメントとは

新学習指導要領の総則に記載される

「カリキュラム・マネジメント」という用語は以前から学校現場でも使われてきましたが、2017年告示の新学習指導要領の総則に記載されたことで、教育関係者への認知度が一気に高まりました。

新学習指導要領では、「カリキュラム・マネジメント」を以下のように定義しています。

> 各学校においては、生徒や学校、地域の実態を適切に把握し、教育の目的や目標の実現に必要な教育の内容等を教科等横断的な視点で組み立てていくこと、教育課程の実施状況を評価してその改善を図っていくこと、教育課程の実施に必要な人的又は物的な体制を確保するとともにその改善を図っていくことなどを通して、教育課程に基づき組織的かつ計画的に各学校の教育活動の質の向上を図っていくこと

カリキュラム・マネジメントの取組

これを整理すると、カリキュラム・マネジメントとは、各学校において、教育課程に基づき組織的かつ計画的に教育活動の質の向上を図っていく取組のことだと言えます。具体的には、

①教科等横断的な視点

……教育の目的や目標の実現に必要な教育の内容等を教科等横断的な視点で組み立てていくこと

②PDCAサイクルの確立

……教育課程の実施状況を評価してその改善を図っていくこと

③人的・物的資源の活用

……教育課程の実施に必要な人的又は物的な体制を確保するとともにその改善を図っていくこと

の３点に取り組みながら、教育活動の質の向上を図っていくことが求められています。

なぜカリキュラム・マネジメントが求められたのか

新学習指導要領によってカリキュラム・マネジメントが求められたのは、新学習指導要領の理念である「社会に開かれた教育課程」を実現し、子どもたちに必要な資質・能力を育成するためです。

⑴　社会に開かれた教育課程の実現

「社会に開かれた教育課程」とは、“社会との教育理念の共有”“社会に向き合っていくために必要な資質・能力の育成”“社会との連携および協働”をめざすものであり、社会との接続を意識した教育課程が求められています。

⑵　教科等横断的な資質・能力の育成

また、子どもたちに必要な資質・能力として、「知識及び技能」「思考力・判断力・表現力等」「学びに向かう力、人間性」のほか、「教科等横断的な視点に立った資質・能力」として、言語能力、情報活用能力（情報モラルを含む）、問題発見・解決能力等の「学習の基盤となる資質・能力」や、「現代的な諸課題に対応して求められる資質・能力」の育成も求められています。

以上の点から、新学習指導要領ではカリキュラム・マネジメントについて、これまで重視されてきた「②PDCAサイクルの確立」の側面だけでなく、「①教科等横断的な視点」や「③人的・物的資源の活用」も含めた取組が求められています。

南高附属中のカリキュラム・マネジメント

南校附属中では、学校教育目標等の実現に向けて、上記３点を包括したカリキュラム・マネジメントに取り組んできました。

⑴ 教科等横断的な視点

教科横断的な視点から教育内容を組み立てた代表的な例として、総合的な学習の時間（EGGゼミ）での取組があげられます。

たとえば、各教科等の授業でアクティブ・ラーニングを行うために必要となる、ディベートやレポート作成などの言語活動にかかわる様々なスキルを集中的に育成するようにしました。

⑵ PDCAサイクルの確立

PDCAサイクルの確立に向けた代表的な取組として、数値で設定した目標の達成をめざし、学校生活や授業に関する生徒からのアンケート結果や、外部試験を含めたテスト結果を分析して課題を発見し、教育課程の改善につなげていきました。

⑶ 人的・物的資源の活用

人的・物的資源の活用の代表的な取組として、総合的な学習の時間（EGG講座）では大学の研究者や弁護士を講師に招いたり、JAXAや横浜動物園ズーラシアで体験活動を行うなど、本物に触れる体験をさせて生徒の進路選択への興味・関心を引き出すことを心掛けました。

このようなカリキュラム・マネジメントの取組を通して、生徒の学力が向上しただけでなく、生徒から学校生活全般への高い評価を得ることができました。第１章では、それらの具体的な成果をご紹介します。

カリキュラム・マネジメントの具体的な成果

1 学力向上のめざましい成果

カリキュラム・マネジメント成功の視点

南高附属中における「カリキュラム・マネジメント」とは、カリキュラムを通して本校の教育目標等を達成し、「育てたい生徒像」を実現させる取組だと言えます。

カリキュラムを通した生徒の成長には、目に見えない部分も多くありますが、第１章では具体的なデータを示しながら、本校のカリキュラム・マネジメントの成果を紹介します。まずは、めざましく向上した生徒の学力についてです。

チャレンジを繰り返した３年間の成果

横浜市立・南高等学校附属中学校（略称は南高附属中（なんこう）。以下、本校とする）は、2012年４月１日、横浜市で初めての中高一貫教育校として開校し、１期生160名が入学しました。

本校は、開校前から教育環境が整っていたわけではなく、最初の数年はチャレンジの繰り返しでしたが、カリキュラム・マネジメントに力を入れ、教員全員で全力を尽くして進んできた結果、３年めに入ったあたりで学力テスト等の成績が予想以上に伸びてきて、保護者や関係者の見る目が大きく変わりました。

教科の学力が高くなったのはもちろんのこと、中学３年で英検準２級に85%が合格し、学力測定テストや各種の模試では、既存の進学校と肩を並べる成績となったのです。

資料1　1期生の全国学力・学習状況調査（2014年4月実施）の結果

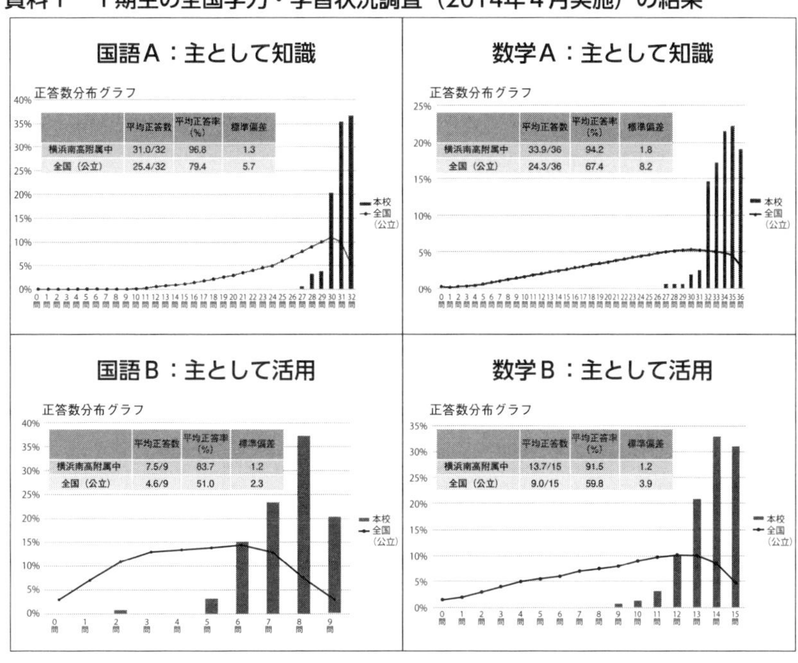

国語A：主として知識

	平均正答数	平均正答率（%）	標準偏差
横浜南高附属中	31.0/32	96.8	1.3
全国（公立）	25.4/32	79.4	5.7

数学A：主として知識

	平均正答数	平均正答率（%）	標準偏差
横浜南高附属中	33.9/36	94.2	1.8
全国（公立）	24.3/36	67.4	8.2

国語B：主として活用

	平均正答数	平均正答率（%）	標準偏差
横浜南高附属中	7.5/9	83.7	1.2
全国（公立）	4.6/9	51.0	2.3

数学B：主として活用

	平均正答数	平均正答率（%）	標準偏差
横浜南高附属中	13.7/15	91.5	1.2
全国（公立）	9.0/15	59.8	3.9

全国学力・学習状況調査の結果

「B問題」の注目すべき正答率の高さ

資料1は、1期生が中学3年のときに行った、全国学力・学習状況調査（2014年4月実施）の結果です。

基礎的・基本的な知識・技能をみる「A問題」について、国語の正答率は96.8%（全国平均79.8%）、数学の正答率は94.2%（同67.4%）と高い数値を示しています。

しかし、とくに注目していただきたいのは知識・技能の活用能力をみる「B問題」の正答率で、国語が83.7%（同51.0%）、数学が91.5%（同59.8%）と、全国平均と比べて30ポイント以上もの差をつけているのです。

これは、学校経営方針に「言語活動の充実に向けた取組」を位置づけ、総合的な学習の時間を軸として、各教科等で言語活動を取り入れた授業を実践してきた成果が表れたものと考えています。

■ 生徒間の学力差も小さくなっている

また、学力のばらつきを示す標準偏差（数値が大きいほどばらつきが大きい）は、国語Aで1.3（全国平均5.7)、国語Bで1.2（同2.3)、数学Aで1.8（同8.2)、数学Bで1.2（同3.9）となっており、生徒間の学力差も小さくなっています。

ベネッセの学力推移調査の結果

■ 中高一貫校向け、国・数・英３教科のテスト

資料２は、１期生が中学３年間に行ってきた、ベネッセコーポレーションの学力推移調査の結果です。

学力推移調査とは、大学進学をめざす中高一貫校の生徒を対象として年に３回行われる、国語・数学・英語３教科の学力の推移を測るテストです。

■ 学力差を広げずに、大幅な学力向上を果たす

まず、Sランク（超難関大・難関大合格レベル）に到達している生徒数は、中学１年の第３回調査（１月）の時点では37人ですが、中学３年の第２回調査（10月）の時点で55人となり、約1.5倍と大幅に増加しました。

その一方で、Bランク（国公立大・中堅私立大可能レベル）の生徒数は、中学１年の第３回調査の時点では37人ですが、中学３年の第２回調査の時点では19人に減少しました。

資料２　１期生が中学３年間に受験した学力推移調査の結果の推移

学力推移調査（ベネッセ）の結果

学習到達ゾーン 【目標１】3年10月　S：80名　A：80名
【目標２】S80名の内訳：S1ゾーン：30名、S2・S3ゾーン：50名

	中1	中2			中3	
	第3回	第1回	第2回	第3回	第1回	第2回
S	37	47	34	38	55	55
A	84	79	90	79	80	82
B	37	32	33	40	23	19

Aランクの生徒数に大きな変化はありませんので、下からの底上げと上への引き上げが行われており、学力差を広げることなく、学年全体で学力が向上していることがわかります。

授業中心の学習で学力が定着している

また、中学３年の第２回調査の質問紙調査では、学習塾に通っている生徒の割合は160名中の37名（23%）に留まっており、多くの生徒が学校の授業中心の学習によって学力を定着させていると考えられます。

英検準２級の取得率85%を達成

「英語嫌い」をなくす、５ラウンドシステムの考案

資料3　全国の公立中学2年生の英語の苦手意識に関する調査結果

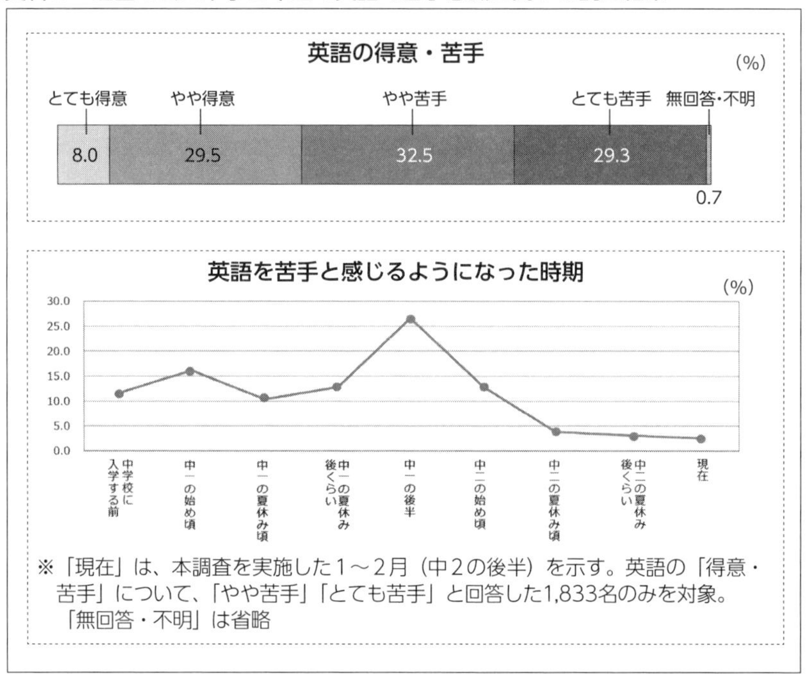

※「現在」は、本調査を実施した1～2月（中2の後半）を示す。英語の「得意・苦手」について、「やや苦手」「とても苦手」と回答した1,833名のみを対象。「無回答・不明」は省略

ベネッセ教育研究開発センター
「第1回中学校英語に関する基本調査（生徒調査）速報版」（2009年）より

資料3は、ベネッセ教育研究開発センターの調査（2009年実施）による、全国の公立中学校２年生に「英語の得意・苦手」について質問した結果です。

これをみると、中学２年生の約62％が英語を苦手（やや苦手＋とても苦手）と感じており、そのうちの８割弱が、中学１年の後半までに苦手意識をもってしまっていることがわかります。

本校では、こうした中１の夏あたりから増える「英語嫌い」をなくそうということで、自然な形でアウトプットにつなげる指導法を模索し、「５ラウンドシステム」を考え出しました。

資料４　１期生の中学３年時の英検の結果（左）と英検協会からの表彰状（右）

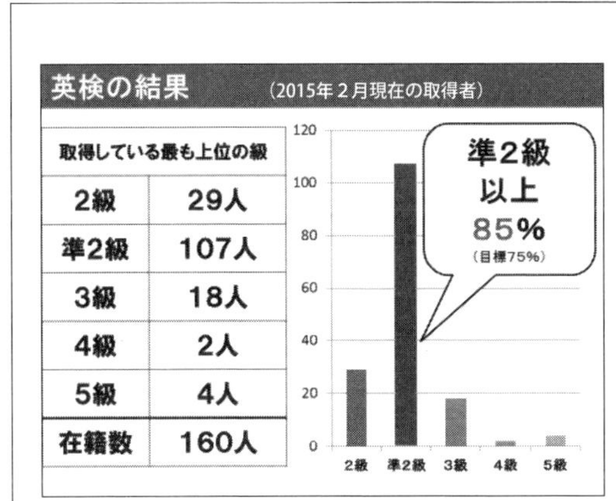
英検の結果　（2015年２月現在の取得者）

取得している最も上位の級	
2級	29人
準2級	107人
3級	18人
4級	2人
5級	4人
在籍数	160人

英検
Group Excellence Award
2013 Fall Session
This award is presented in recognition of
your organization's superior results on the
EIKEN Test in Practical English Proficiency,
conducted by the Eiken Foundation of Japan.
March 25, 2014
Eiken Foundation of Japan
優秀団体賞
神奈川県横浜市立 南高等学校附属中学校 殿
公益財団法人
日本英語検定協会

不安のなかで目標を上回る成果

このシステムは、英語をスパイラルに学んでいくという考え方のもと、２～３ヵ月の周期で教科書を一周（１ラウンド）させ、視点を変えながら１年間で同じ教科書を何度も学んでいくという学習方式です(156頁で詳述)。

１～２ラウンドはリスニングのみ行い、教科書本文の音と文字を一致させる学習に集中させます。１年生の９～10月頃まで文法の学習を行わないので、１期生の保護者からは「これでは筆記試験で点数がとれないのでは」という不安が多く寄せられました。

しかし、結果的に多くの生徒が英語の授業に興味をもって取り組めるようになり、中学３年の時点（2015年２月）で英検準２級以上の取得者が138名、目標の75％を上回る85％となったのです（**資料４左**)。

日本英語検定協会からも表彰され、優秀団体賞をいただくこともできました（**資料４右**)。

2 生徒の驚異的な満足度の高さ

カリキュラム・マネジメント成功の視点

前項では学力向上の成果について見てきましたが、ここで大切なのは、本校のカリキュラムが決して一方的な教え込みによるものではなかったということです。

そこで、本校のカリキュラム・マネジメントのもう一つの成果として、主体的な学習態度や人間関係づくりを重視したカリキュラムに対する生徒の授業評価の結果と、これらを通じての学校生活への高い満足度について紹介します。

生徒による授業評価の結果

■ 教え込みではない、主体的な学習を促進

本校では、これからの社会で自立し活躍していくための学力を生徒に身につけさせるためには、主体的な学習態度を育てることが不可欠であると考えました。

そのためには、何よりも教科に対する興味・関心を高めることが重要であると考え、授業における体験的な学習、協働学習、能動的な学習などを積極的に取り入れました。

■ 生徒による授業への高い評価

その結果、生徒による授業評価（１期生の中学３年11月時点の調査）において、「主体的、積極的に授業に参加している」と回答した割合（そう思う＋ややそう思う）は、国語88％、数学81％、英語92

資料1　生徒による授業評価の結果（1期生の中学3年・11月時点）

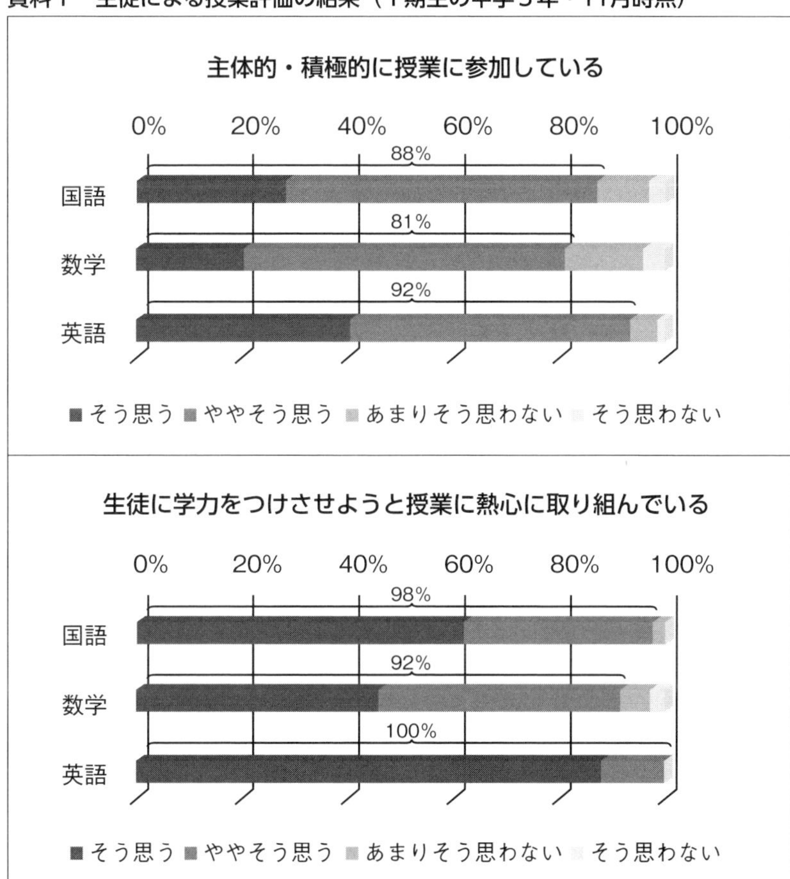

%とすべて80%以上の高い結果を示しました**（資料1）**。

さらに、「生徒に学力をつけさせようと（教師が）授業に熱心に取り組んでいる」と回答した割合は、国語98%、数学92%、英語100%と、ほとんどの生徒から肯定的な評価を得ることができました。

資料２　「学校生活満足度調査」の結果（１期生の中学３年・11月時点）

「学校生活満足度調査」の結果
○学校生活に満足　96.4% （神奈川県の公立中学校　70.2%）
○学校の授業に満足　94.7% （神奈川県の公立中学校　60.6%）
○クラスの友だちに満足　95.6% （神奈川県の公立中学校　80.0%）

学校生活の満足度96％を達成

■ 学校生活、そして授業に満足

本校では、生徒による授業評価の他に、ベネッセ教育総合研究所の調査項目をベースとした「学校生活満足度調査」を行っています。

この調査（１期生の中学３年７月時点の調査）によると、「学校生活に満足」とする回答は96％（県内公立中平均70％）で、県内平均を26ポイント上回り、生徒の学校生活に対する非常に高い満足度が示されました**（資料２）**。

また、「学校の授業に満足」とする回答も95％（同61％）で、県内平均を34ポイント上回り、生徒が普段の授業を高く評価していることがわかりました。

■ 温かい人間関係に満足

次に、「クラスの友だちに満足」とする回答は96%（同80%）で、温かい人間関係ができあがっていることもわかりました。

人間関係については、豊かな人間性を育てる構成的グループエンカウンター研修やコミュニケーション研修（84頁、104頁で詳述）を通じて、授業で安心して積極的に発言できる環境と、学び合う温かい雰囲気が醸成されたことが大きいと考えられます。

■ 南高校への進学率100%を達成

こうした学校生活への高い満足度を背景に、みんなで新しい伝統を創り上げていこうという意識が強くなり、１期生の高校進学時には併設校である南高校への進学率が100%となりました。

これは本校の３年間の教育が生徒に受け入れられた結果と考えられ、大変嬉しく受け止めました。

*

第１章では、本校のカリキュラム・マネジメントの成果として、生徒の学力と満足度の実態を紹介しました。

次章からは、本校で取り組んだカリキュラム・マネジメントの具体的な進め方、各教科等の授業の内容と方法、カリキュラムを実施していくための学校組織のつくり方などを、詳しく紹介していきます。

校長はこんな学校にしたいと考えた

1 「選ばれる学校」にしよう！

カリキュラム・マネジメント成功の視点

本校の学校経営は、横浜市教育委員会の基本計画に示される「教育目標」と「めざす学校像」の実現をめざして、カリキュラム・マネジメントを中心として進めていきました。

このとき大切なことは、抽象的に描かれた学校の教育目標を、なるべく具体的な目標に落とし込んでいくことです。そこで私は、「市民・生徒に選ばれる学校」を学校づくりの目標とし、「それは具体的にどんな学校なのか」を突き詰めて考えました。

横浜市初の市立中高一貫校の計画

横浜市では、魅力ある市立学校の実現をめざして、横浜サイエンスフロンティア高校の開設など、様々な高校改革を進めてきました。

横浜市教育委員会は、こうした改革の一環として初の市立中高一貫教育校の設置に向け、2010年５月、「横浜市立中高一貫教育校基本計画」を策定しました。

この基本計画のなかで、新設される中高一貫校の「設置の目的」、そして「教育目標」と「めざす学校像」が示されました（**資料**）。

本校のカリキュラム・マネジメントとは、カリキュラムを通してこれらの「教育目標」や「めざす学校像」等を具体化し、実現させていく取組となります。

資料　基本計画に示された「教育目標」と「めざす学校像」

【設置の目的】

①現行の市立中学校、市立高等学校に加え、市立中高一貫教育校という新たな選択肢を市民に提供するために設置する。

②６年間の安定した環境のなかで、計画的・継続的な教育活動を展開する。

③横浜はもとより、国際社会で活躍する志の高いリーダーとなる人材の育成をめざす。

【教育目標】

①学びへの飽くなき探求心を持つ人材の育成

②自ら考え､自ら行動する力の育成

③未来を切り拓く力の育成

【めざす学校像】

①国際社会で活躍するリーダーの育成を目指す学校

②６年間の一貫教育で健全な心身をはぐくむ学校

③質の高い学習により、高い学力を習得できる学校

④生徒が互いに切磋琢磨し、常に活気に溢れている学校

「市民・生徒に選ばれる学校」をめざす

厳しい競争のなかどうやって志願者を集めるか

横浜市教育委員会からの校長就任の依頼を引き受けた私は、開校に向けての準備に取りかかりました。

新設校の開校にあたっては、初年度に多くの志願者を集めることが非常に重要となります。

しかし、新設の中高一貫校は、教育内容が決まっていない、出口実

績（大学受験）の予測が立たない、一貫校としての伝統がないなど、多くの課題があります。

そのため、伝統ある私立中高一貫校との厳しい競争に勝ち抜き、多くの志願者を集めるのは、容易なことではありません。

■「選ばれる学校」のイメージを明確にする

そこで私は、「市民・生徒に選ばれる学校」を学校づくりの目標とし、その具体像を次のようにイメージしました。

【「市民・生徒に選ばれる学校」の具体像】

●教育内容に共感して多くの入学希望者が集まる学校
●高い学力が身につき、競合する難関校以上の進学実績が出せる学校
●教員が自分の子どもを行かせたいと思うような学校
●教員自身がその学校で学んでみたいと思うような学校
●６年間で豊かな人間性と学力がしっかり身につく学校
●大学・社会に出て活用できるための知識・技能、思考力・判断力・表現力、主体的な学習態度等がしっかり身につく学校
●公立の中高一貫教育校の目標やモデルとなる学校

■カリキュラムの方向性も見えてくる

このように、「○○な学校」という抽象的な言葉だけでなく、「それは具体的にどんな学校なのか」を突き詰めて考えていくことで、めざす学校づくりのイメージが明確となり、どのような教育を行えばよいかというカリキュラムの方向性も見えてきます。

2 「入学したい！」と思えるカリキュラムの土台づくり

カリキュラム・マネジメント成功の視点

めざす学校づくりのイメージを具体的にしたうえで、「本校でどのような生徒を育てたいか」を検討し、「育てたい生徒像」を明確に定めました。これは本校の教育がめざす到達目標であり、どのような教育を行うかを考える際の土台となるものです。

そして本校がめざす教育の理念は、子どもや保護者にもひと目で伝わるよう、「豊かな人間性」と「高い学力」という２本の柱でわかりやすく示しました。

学校づくりの考え方

「教養主義」に立った学校づくり

横浜市教育委員会の基本計画に示されるように、本校の教育目的は、国際社会で活躍する将来のリーダーを育成することにあります。

そのためには、大学進学後や社会へ出たときに必要となる知識や考え方を身につけていける教育を行う必要があると考えました。

そこで、受験科目だけの学習で終わる学校ではなく、全員が全科目を履修して幅広く高い学力を育成し、人格の形成にもつなげていくという、「教養主義」に立った学校づくりをめざしました。

期待を裏切らないカリキュラムを提供する責任

また、中学受検（受験）を考えている子どもや保護者は、様々な学校説明会に参加し、その学校が示す教育理念や教育内容（カリキュラム）に共感して志望校を選びます。そして受検を突破した子どもは、大きな期待をもって志望校に入学してきます。
　校長として、子どもや保護者が「入学したい」と思える教育理念や教育方針を示すとともに、その期待を裏切らないカリキュラムを全力で提供していかなければならないと考えました。

 全国のよい実践を積極的に取り入れる

　本校の学校づくりやカリキュラムを考えるにあたって、中高一貫校を中心に全国の学校へ視察に行きました。そのなかで、非常に印象に残った学校がいくつかありました。

■ ユニークな学習活動

　ひとつは、京都府立洛北高校・附属中学校。この学校で行われていた体験学習はとてもユニークでした。警察の捜査の見学に行くなどして、さまざまなことを学習し発表するのです。
　千葉県立千葉中学校・高校も、自分でアポイントをとって企業体験に行き、それをまとめる活動をしていました。
　また、東京都立小石川中等教育学校では、全教科をしっかり学ばせることで、レベルの高い研究レポートや卒業レポートが作成されていました。

■ つまずいている子を引き上げるプログラム

　もっとも印象的だったのは、広島県立広島中学校・高校です。ここは学習につまずいている子を引き上げるプログラムが充実しており、全員の学力をしっかり上げようとしていました。高校の先生も中学生を教えており、中高の連携がとてもよくできていました。
　これらの学校のやり方を大いに参考にしながら、本校のカリキュラ

資料1　「育てたい生徒像」の策定

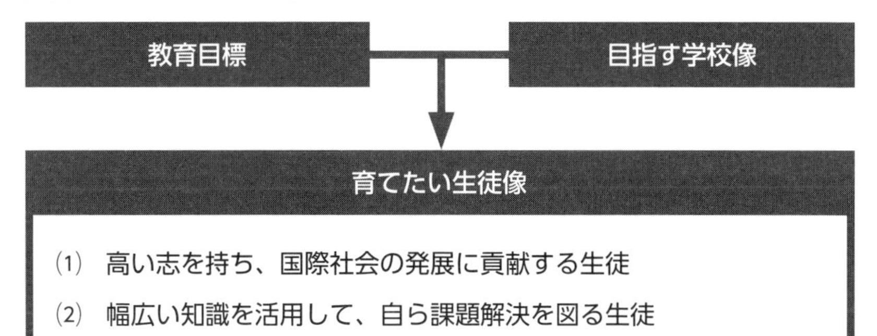

ムの構想を練っていったのです。

 学校の土台となる「育てたい生徒像」の作成

カリキュラム・マネジメントのスタート地点

2011年の４月、母体校である南高校に、本校の開校準備に取り組むための「附属中学校開設準備室」が設置され、来年度から勤務予定の教員３名とともに、私は開設準備室長として準備作業にあたりました。

準備室が最初に取り組んだ仕事は、「育てたい生徒像」（**資料１**）の作成です。これは学校づくりの土台となり、カリキュラム・マネジメントのスタート地点となるものです。

なぜなら、「本校でどのような教育を行うか」を考えるためには、最終的なゴールとして「本校でどのような生徒を育てたいか」を明確にしておく必要があるからです。

■ 現状を把握し基本計画をふまえて作成

そこでまず、母体校の状況や市民のニーズ等の情報を収集・分析して、現状把握を行いました。

そのうえで、市の基本計画に示された教育目標とめざす学校像をふまえ、卒業時の到達目標として「育てたい生徒像」を資料１のように策定しました。

２本柱による「教育理念」の設定

■ 「豊かな人間性」と「高い学力」

次に、育てたい生徒像を土台としながら、本校の教育理念となる「豊かな人間性」と「高い学力」の２本柱を設定しました。

「豊かな人間性」を育むとは、相互に学び合う態度や温かい学習集団を育成すること、大学や企業と連携して学校だけではできない体験をさせたり、色々な人とつながる機会を設けたりすること、などをめざすものです。

「高い学力」を育むとは、できないことをできるようにさせること、苦手なことに気軽に取り組めるようにすること、自分の目標に向けて努力できるようにすること、などをめざすものです。

この２つを大きな両輪として、**資料２**に示すように「基礎・基本」「活用する力」「高いモチベーション」の３つの資質・能力を育てていこうと考えたのです。

■ 主体性を引き出す学習環境づくりの必要性

教育理念の２本柱の設定については、教育委員会と何度も話し合いを重ねました。もっとも話が白熱したのは、人間性と学力のどちらが

資料2　教育理念の２本柱と育成をめざす３つの資質能力

南高附属中HPより

重要かということです。

基本計画には、「豊富な学習量」「高い学力の習得」「国公立大学受験」などの言葉が並んでおり、私も最初は学力向上を優先した学校づくりを考えていました。

しかし、本校で育てたい生徒像を実現するためには、ただ知識を教え込むだけの教育ではなく、主体性を引き出すための体験学習や、アクティブ・ラーニングの技法を取り入れた指導方法を充実させなければならないことに気づきました。

そして、こうした指導方法が効果をあげるには、わからないときには「わからない」と素直に言い合える空気や、学び合いや助け合いのある温かい雰囲気といった、自己有用感を育てる学習環境をつくることが何よりも大切であると考えるようになったのです。

■ 豊かな人間性を育てることで高い学力につながる

私は長く中学校で勤務してきたものの、中学受検を経て入学してくる生徒に接するのは初めてで、開校前には次のような生徒像を予想していました。

小学生の早い時期から塾に行き、勉強ばかりが得意な子たちではないだろうか……。受検勉強のためなら学校を休むのも平気な、多少わがままなところがある子が多いのではないだろうか……、と。

そのため、まずは豊かな人間性を育てる教育プログラムによって、人間関係づくりを優先させる必要がある、人間性を教育していくことで学習意欲が育ち、それが高い学力につながっていく、そう主張したのです。

こうして話し合いの末、最終的には「豊かな人間性」を重視していく方向で落ち着きました（なお、実際には、思いやりある素直な子がたくさん入学してきました）。

＊

第２章では、市教育委員会の基本計画に基づく、校長としてめざす学校づくりのイメージや育てたい生徒像を紹介しました。

第３章では、その実現に向けてどのようなカリキュラムを構想したかをお伝えします。

校長はこんなカリキュラムを設計した

1 カリキュラムの5つの基本方針

カリキュラム・マネジメント成功の視点

「育てたい生徒像」と「教育理念」を固めたら、本校でどのような教育を行っていくかを示す教育方針として、「教育課程の基本的な考え方」を作成しました。これは、本校の教育課程を構想・実施していくうえで中心的な役割を果たす5つの方針です。

「選ばれる学校」としての魅力的な教育方針を定めたら、その実現に向けて全力で取り組むことが、学校そして校長が果たすべき責任だと考えます。

教育課程の基本的な考え方

本校の「目指す学校像」や「育てたい生徒像」の実現に向け、また「豊かな人間性と高い学力」という教育理念をふまえて、教育課程の基本方針となる「教育課程の基本的な考え方」を、開設準備室で以下のように作成しました。

教育課程の基本的な考え方

方針①	自らを律しつつ、他者と協調し、他者を思いやる心や感動する心など豊かな人間性を養う。
方針②	アクティブ・ラーニングを取り入れた学習活動を展開し、知識・技能の習得、思考力、判断力、表現力などを養う。
方針③	９教科の基礎学力をバランスよく身につけることを重視した教育活動を展開する。
方針④	国際社会で活躍できる語学力、コミュニケーション力を養う。
方針⑤	社会的、職業的自立に向け、必要な基盤となる能力や態度を養う。

これら５つの教育方針に基づき、教員集団を短期間に整え、信頼に応える教育活動を実施することを目標に、生徒の実態にあったカリキュラム・マネジメントに取り組みました。

以下に、５つの教育方針それぞれの考え方と、これらに基づきどのような教育課程を構想していったかを紹介します。

方針①：豊かな人間性の育成

豊かな人間性とは何か

「豊かな人間性」を重視するという教育理念に基づき、教育方針の最初に「豊かな人間性の育成」に関する項目を設定しました。

ただし、豊かな人間性と言ってもそこには多様な価値観が含まれており、人によってとらえ方も様々なので、まず「豊かな人間性」とは何かを明らかにする必要があります。

豊かな人間性とは何か、どのように育成するかを考えるうえでは、文部科学省のリーフレット「『確かな学力』と『豊かな心』を子どもたちに育むために…」（2008年５月）を参考にしました。

リーフレットは、「学ぶ意欲や将来直面する様々な課題を解決する力を重視するのは国際的な流れ」であり、子どもたちには「生活体験・自然体験・社会体験などの機会の充実が必要」であるとして、育みたい豊かな人間性や社会性の例を示しています。

豊かな人間性の育成方針

これらの内容をふまえ、１つめの教育方針「自らを律しつつ、他者と協調し、他者を思いやる心や感動する心など豊かな人間性を養う」を設定しました。

これは、主体性・創造性・リーダーシップをもってたくましく生きる力を育てるとともに、協調性や思いやりを兼ね備えた人間を育てることをめざすものです。

充実した学習活動を通して豊かな知識と教養を養い、それを基盤としながら、さらに特別活動や部活動で特性を磨くことにより、豊かな人間性の育成をめざしました。

■ 豊かな人間性を養う教育活動

この方針に基づき、豊かな人間性を育成するため、以下の教育活動を構想しました。

⑴ ６年間を通したキャリア教育

中学校および高等学校における教育活動全般に効果が生じるよう、６年間を通して計画的かつ継続的なキャリア教育を展開する。

⑵ 探究型「総合的な学習の時間」（EGG）の実施

横浜市立高校で行うような「地球規模の問題に関する教科横断的な探究的学習」を、附属中学校から６年間で行うことにより、課題設定・課題解決能力を伸長させるとともに、自ら探究する力を育成する。

⑶ 規律ある生活習慣の確立をめざす生活指導

礼儀正しい態度、集団生活でのマナー、服装等、きめ細やかな生活指導を行い、生活習慣を確立させ、協調性・規範意識などを育成する。

⑷ 体験型宿泊行事の実施

英語宿泊研修等を実施して英語によるコミュニケーションを体験し、英語に親しむ態度と積極的に他者とかかわる態度を育てる。

⑸ 活気ある特別活動

生徒会活動や学校行事を中学生と高校生が合同で運営することによって、協調性や人を思いやる気持ちを育てる。また、他の中高一貫教育校や海外の学校との交流等を通して、多様な価値観を認める態度を育てる。

⑹ 充実した部活動

6年間の継続した部活動を通して、中学生と高校生が合同で活動することによって、多様な人間関係のなかで物事を幅広く捉える力や集団におけるリーダー性を育てる。

⑺ 特別講座の開講

生徒自らの10年後、20年後、30年後の将来を考えさせるため、南高校の卒業生などの話を聞かせる「ようこそ！先輩」講座などを実施する。

方針②：アクティブ・ラーニングを取り入れた学習活動の展開

知識偏重型の学力観では通用しない時代

インターネットの普及により膨大な情報を得ることができ、コンピュータの発達により情報の蓄積・管理等が容易にできる社会が到来しました。

もはや知識偏重型の学力観のみで教育された子どもたちでは、社会生活だけでなく、大学入試においても通用しない時代となっていくことが予想されます。

学校教育においても、「知識・技能」のみでなく、「思考力・判断力・表現力」を育み、「主体的に学習に取り組む態度」を養うことが大きな課題となっています。

すべての授業でアクティブ・ラーニングを実施

では、これらをどう育成すればよいのでしょうか。本校では、言語活動を取り入れた授業を実践することが最も有効であると考えました。

具体的には、言語活動を伴うグループディスカッション、ディベート、グループワーク等のアクティブ・ラーニングの技法を取り入れた学習方法です。

そこで、２つめの教育方針「アクティブ・ラーニングを取り入れた学習活動を展開し、知識・技能の習得、思考力、判断力、表現力などを養う」を設定し、開校の４月当初から、すべての授業でアクティブ・ラーニングを取り入れた学習を実施することにしました。

授業構想や授業展開については、50頁で詳しく紹介します。

方針③：９教科の基礎学力のバランスよい定着

各教科で得られる学びが課題解決力のベースとなる

学校教育では、子どもたちに「生きる力」を育むことが求められていますが、これは特定の教科にとどまらず、全教科で育むものです。

各教科の学びを通して得られる教養は、思考力・判断力・表現力をはじめ、課題解決力などの力をつけるためのベースとなるものであり、９教科の基礎・基本を充実させることは非常に重要です。

また、苦手教科を克服して課題を解決した経験が多いほど、生徒に粘り強い精神力が育ち、将来目標に向かって努力する力、失敗しても改善策を見つける力、課題に直面したときによりよい解決策を選択できる力などが身につくと考えました。

そこで、３つめの教育方針「９教科の基礎学力をバランスよく身につけることを重視した教育活動を展開する」を設定しました。

苦手な教科を克服させる手立て

この方針に基づき、９教科のバランスのよい学びを実現するためには、生徒が苦手な教科を克服できるよう、次のような手立てを取る必要があると考えました。

●生徒が理解できる授業を行うため、全教員の授業力を向上させる。
●苦手な教科を克服することは非常に重要だということを生徒に意識

づけ、苦手な教科ごとに克服する方法を整理して授業に臨んでもらう。

- 実技４教科（音楽、美術、技術・家庭、保健体育）の学びは豊かな人間性を育むうえで重要なので、常勤・非常勤を問わず、専門性が高く指導力の高い教員を確保する。

主要５教科については、基礎学力の定着に課題があったことから、開校２年めから「基礎力診断テスト」（186頁参照）を実施し、結果を個別指導に活用するようにしました。

方針④：語学力、コミュニケーション力の育成

国際社会で活躍できる人材の育成方針

「育てたい生徒像」に示すとおり、本校は高い志をもって国際社会の発展に貢献する生徒の育成をめざすことから、そのための資質を６年間の教育課程を通して十分に育成する必要があります。

国際社会の発展に貢献する人材とは何か、どのような資質を育成すればよいかを考えるうえでは、政府のグローバル人材育成推進会議の「中間まとめ」（2011年６月）を参考にしました。

この中間まとめでは、グローバル化した世界の経済・社会の中にあって育成・活用していくべき人材を「グローバル人材」としており、求められる要素を整理しています。

これらを参考にしながら、本校では、国際社会の発展に貢献できる人材を、

①グローバルな社会的課題を発見・解決できる人材

②グローバルなビジネスで活躍できる人材

として考え、「語学力」と「コミュニケーション能力」を基軸として資質を育成していくことにし、４つめの教育方針「国際社会で活躍

できる語学力、コミュニケーション力を養う」を設定しました。

■ 語学力とコミュニケーション力を養う教育活動

この方針に基づき、語学力とコミュニケーション力を養うため、以下の教育活動を構想しました。

- 英語嫌いをなくし、英語でコミュニケーションを行う教育課程を実施する。

  当時の教育課程では、小学校で英語の読み書きの活動を行っていなかったので、苦手意識をもたずに中学校の英語学習へとスムーズに移行できる教育システムをめざしました。

  これが、中学１年生の１学期は「話す」「聞く」のみの学習を行い、１年間に教科書を５回学習するスパイラルな学習スタイル「５ラウンド方式」の開発につながりました。

- 語学力・表現力を育む、体験的な語学研修のプログラムを実施する。

  語学研修のプログラムとして、イングリッシュキャンプ（体験活動を英語で行う）、夏期英語集中講座、バンクーバーでの英語研修、英語でのプレゼンテーション大会、総合的な学習の時間での国際理解教育などを予定しました。

- 少人数授業を実施し、AETは常駐して指導にあたる。
- LL教室（language laboratory）を積極的に活用した授業展開を実施する。
- NHKラジオ「基礎英語」を、家庭学習の必修課題として活用する。

方針⑤：社会的、職業的自立に向けた基盤の育成

■ 社会的、職業的自立に向けた基盤の育成方針

本校は、生き方を探求し進路を主体的に実現する生徒の育成をめざ

すことから、５つめの教育方針「社会的、職業的自立に向け、必要な基盤となる能力や態度を養う」を設定しました。

この方針に基づき、将来の職業選択に向けて、世の中の職業や業界の仕事内容、その仕事に求められる能力や適性、その職業に就くための進路選択と求められる勉強内容などを学ぶ機会を、数多く設けることにしました。

これは資料による机上の学習ではなく、職業体験の実施や社会人を講師として招くなどして、できるだけ本物に触れる機会をつくることをめざしました。

こうした体験によって、生徒がキャリアへの目的意識をもち、日々の学習が将来につながっていることを意識して、主体的に進路を実現することにつながると考えました。

■ 社会的、職業的自立に向けた基盤を育成する教育活動

社会的自立に向けた基盤を育成するため、具体的には以下の教育活動を構想しました。

- 多方面の企業や大学と連携したプログラムを開発し、原則として月１回の土曜日（総合的な学習の時間）と長期休暇を活用して実施する。
- 自分の職業選択に向けて現状（夢、自分の個性や適性、得意な分野、興味関心、自分の現在の力）把握を行い、進むべき目標を決めて実現するための方法（進路選択、必要な学習方法、短期間で目標を実現する方法）を考えさせる。
- 国際社会で活躍する人材の育成のため、海外で学ぶ方法を学んだり、海外で働くJAICA（国際協力機構）、商社等のグローバル企業、国連職員などによる学習講座を実施する。
- 将来の目標を明確にするため、中学２～３年時に大学調べや大学見学を実施する。

2 カリキュラムの柱「EGG」の設計

カリキュラム・マネジメント成功の視点

５つの教育方針の実現に向けてカリキュラムを組み立てていくにあたり、「総合的な学習の時間」をカリキュラムの柱として位置づけました。

つまり、コミュニケーション能力、アクティブ・ラーニングのスキル、主体的な学習態度など、教科横断的に必要となる様々な資質・能力を「総合的な学習の時間」のなかで計画的に育成できるように、カリキュラムを設計したのです。

カリキュラム設計の考え方

本校がめざす目標や育てたい生徒像の実現に向けて、作成した５つの教育方針に基づき、教育内容と教育方法をカリキュラムとして組み立てていくことになります。

カリキュラム設計にあたり、校長として意識したのは以下の点です。

- 学校の予算、授業時数や勤務時間、外部の機関や人材の積極的な活用など、学校経営においてマネジメントできる経営資源をすべて視野に入れて計画を作成する。
- 教育効果を向上させる視点から、施設・設備等の活用方法を検討する。
- 生徒の志願の理由、学力の状況、小学校での様子、保護者のニーズなど、生徒の実態を把握してカリキュラムに反映させる。

では、どのようにカリキュラムを設計したかを見ていきましょう。

「総合的な学習の時間」を学校づくりの柱に

「総合」を最大限に活用したカリキュラム

カリキュラム全体の構想として、５つの教育方針で示した豊かな人間性をはじめ、アクティブ・ラーニングに必要なスキル、社会的自立に向けた基盤など、様々な資質・能力の育成を図るため、「総合的な学習の時間」を最大限に活用したカリキュラムを設計し、これを特色ある学校づくりの柱として位置づけることにしました。

愛称は「EGG（エッグ）」

この総合的な学習の時間が、本校の教育活動の「売り」として受検生や市民に理解され、また広報活動のツールとして活用できるよう、準備室で多くの時間を費やし、親しみやすく覚えやすい愛称として「EGG（エッグ）」と名づけました。

これは、本校の総合的な学習の時間で取り組む活動の特色を表す３つのキーワード、「さがす（Explore）」「つかむ（Grasp）」「のびる（Grow）」の頭文字を取ったものです。

- Explore（さがす）
  ……学びの探究、課題さがし
- Grasp（つかむ）
  ……自己の可能性の発見、他者との協働的な学びによる確かな理解
- Grow（のびる）
  ……最終的にめざすのは人間の成長

また、生徒たちの中学校生活を卵（egg）が孵化するまでの過程に見立て、３年間で蓄えた力を目標達成に向けて高校で発揮し、６年後

資料１　EGGで育成をめざす人材と３つの学習活動

総合的な学習の時間（EGG）

・グローバルな社会課題を発見・解決できる人材
・世界や地域で貢献できる人材
・グローバルなビジネスで活躍できる人材

EGG体験	EGGゼミ	EGG講座
豊かなコミュニケーション能力を育成する交流体験や研修	「課題発見・解決能力」「論理的思考力」を育成する多様な言語活動、調査、研究、発表活動	幅広い教養と社会性を育成し、将来の進路への興味・関心を引き出すための講座

には大空に羽ばたいていってほしいという願いがこめられています。

EGGで行う学習内容

EGGの３つの学習活動

EGGの学習のねらいは、豊かな人間性の基礎であるコミュニケーション力と学力を支える基盤を育成し、自分の力で将来を切り拓く力を育て、国際社会で活躍するために必要な資質・能力の基礎を築くことです。

具体的な学習内容を構想していくにあたり、まずEGGで育成したい能力を大きく３つに整理し、それぞれ「EGG体験」「EGGゼミ」「EGG講座」の３つの学習活動のなかで育成していくことにしました**（資料１）**。

⑴　**EGG体験**

「EGG体験」では、主に教育方針①・④に関連した活動として、豊かなコミュニケーション能力を育成するために、宿泊を伴う交流体験やコミュニケーション研修などを行います。

⑵ EGGゼミ

「EGGゼミ」では、主に教育方針②に関連した活動として、アクティブ・ラーニングに必要なスキルの習得を図るとともに、課題発見・解決能力を育成するために、多様な言語活動、調査、探究・発表活動を行います。

⑶ EGG講座

「EGG講座」では、主に教育方針⑤に関連した活動として、幅広い教養と社会性を育成し、将来の進路への興味・関心を引き出すために、様々な企業や施設から講師を招いて学習講座を行い、また実際に訪問して体験学習を行います。

次頁の**資料２**は、中学３年間を通したEGGの全体構想です。具体的な活動内容については、第５章で詳しく紹介します。

■ ３年間のゴールを設定する

EGGでは、生徒に学びの意味をもたせるため、３年間でめざすゴールを設定していることも大きな特徴です。

「EGG体験」では、生徒がコミュニケーション力や語学力を意欲的に習得できるよう、３年生の夏にカナダ研修旅行を設定しました。

「EGGゼミ」では、EGGの集大成として３年時に卒業研究を位置づけました。これまでに学んできたスキルを駆使して、自分で探究したい課題を見つけ、調査・分析して論文にまとめ、シンポジウムでプレゼンテーションを行うのです。

こうして中学３年間にEGGで育んだ力を、南高校での学びにつなげていくという構想を立てました。

資料2　中学3年間で実施するEGGの全体構想

<table>
<tr><th colspan="5">EGG全体構想</th></tr>
<tr><th></th><th>EGG体験</th><th colspan="2">EGGゼミ</th><th>EGG講座</th></tr>
<tr><td rowspan="4">1年</td><td>豊かなコミュニケーション能力を養成する交流体験や研修</td><td colspan="2">「課題発見・解決能力」を育成する
多様な言語活動、調査、研究・発表活動</td><td>幅広い教養と社会性を育成し、将来の進路への興味・関心を引き出すための講座</td></tr>
<tr><td rowspan="3">・プロジェクト・アドベンチャー
・構成的グループエンカウンター研修
・コミュニケーション研修
・夏季英語集中研修</td><td colspan="2">基礎力養成</td><td rowspan="3">・富士通おもしろパソコン分解講座
・地震体験講座
・JAXA宇宙兄弟養成講座
・日揮グローバルリーダープログラム
・国際交流プログラム
・金融機関での体験
・JICAグローバルプログラム
・横浜市立大学医学部体験講座
・古代遺跡発掘体験講座
・横浜市立大学グローバルリーダープログラム
・東京大学水中ロボット講座
・動物園バックヤードツアー
・TBSテレビ出張スタジオ</td></tr>
<tr><td colspan="2">「世界を幸せにする第一歩」という大テーマのもと、クラスで中テーマ・課題を設定し、個人で新聞を制作する。さらに調査を重ね、個人で課題を設定し、新聞を制作する。文化祭で展示発表。
（読売新聞「ことばの時間講座」）
【課題の設定】
・KJ法的な手法で課題を設定する。
・対象へのあこがれから課題を設定する。
【情報の収集】
・アンケート調査、インターネット、図書館で情報を収集する。
【まとめ・表現】</td></tr>
<tr><td colspan="2">前期に調査し発表した内容をもとに実践する。グループで計画・実践しレポート・ポスターセッションで活動の内容を発表する。
【課題の設定】
・問題を序列化して課題を設定する。
【情報の収集】
・電話、手紙で情報を収集する。
・インタビュー前にチェックリストで確認して情報収集する。
【整理・分析】
・図表、グラフ、マップで整理・分析する。
・メリット・デメリットの視点で整理・分析する。
【まとめ・表現】
・レポートでまとめ・整理する。
・振り返りカードでまとめ・表現する。
・ポスターでまとめ・表現する。</td></tr>
<tr><td rowspan="4">2年</td><td rowspan="4">・夏季英語集中研修
・イングリッシュ・キャンプ
・国際交流活動
・インディアン・スクールとの国際交流</td><td colspan="2">応用力養成</td><td rowspan="4">・水族館職場体験
・市営地下鉄職場体験
・横浜スタジアム職場体験
・朝日新聞社訪問
・ハーゲンダッツ訪問
・カナダ大使館訪問</td></tr>
<tr><td colspan="2">クラスごとに年間を通して4つの探求的・協同的な学習を行う。</td></tr>
<tr><td>【課題の設定】
・体験を対比して課題を設定する。（理科）
【情報の収集】
・インターネット、電子メールで情報を収集する。
【整理・分析】
・ベン図で整理・分析する。
【まとめ表現】
・プレゼンテーション（国語科・英語科）</td><td>【課題の設定】
・グラフの推移を比較して課題を設定する。（数学科）
【情報の収集】
・実験・観察を通して情報を収集する。集めた情報をPCで整理する。
【整理・分析】
・ホワイトボードで整理・分析する。
【まとめ表現】
・レポート、ミニ論文、プレゼンテーション</td></tr>
<tr><td>【課題の設定】
・ウェビングでイメージを広げて課題を設定する。
【情報の収集】
・フリップボードで情報を収集。
【整理・分析】
・座標軸の入ったシートで整理・分析する。
【まとめ表現】
・作品を作成・自己評価
・カードを活用</td><td>【課題の設定】
・資料を比較して課題を設定する。（社会科）
【情報の収集】
・様々な手法で情報を収集する。
【整理・分析】
・スクラップシート課題に関連のある新聞・雑誌の記事を切り抜いてノート（スクラップシート）に整理・分析する。
【まとめ表現】
・ミニ論文</td></tr>
</table>

3年	・夏季英語集中研修 ・PGSSとの国際交流活動 ・カナダ研修旅行	卒業研究に向けて 前期で調査研究を行い、中間発表会を実施する。 【課題の設定、情報の収集、整理・分析】 これまでの学習やスキルを活用して個人で選択する。 【まとめ・表現】 シンポジウムでまとめ・表現する。プレゼンテーション	・ホテルニューオータニ職場体験 ・東大・早大見学 ・ANA整備工場職場体験 ・日揮 設計syokuba体験

EGGの実施方法

EGGの実施方法については、３つの学習活動の性質に合わせて、土曜授業や長期休業日を活用しながら、原則として次のように実施することにしました。

- 宿泊等を伴う「EGG体験」は、長期休業日などを活用して実施する。
- 継続的な学習が重要となる「EGGゼミ」は、木曜日の７時間めに毎週行う。
- まとまった時間が必要な「EGG講座」は、月に１回、土曜日午前の４時間分を使って実施する（土曜EGG）。

授業時数としては、年間で標準の70時間、週平均で２時間の実施となります。

なお、EGG講座では、無料で受け入れてくださる訪問先を探し、交通費以外に費用がかからないようにしました。出前講座をしてくださる講師の方には、交通費の実費でお願いさせていただきました。

EGG体験のコミュニケーション研修では、人数にもよりますが、生徒一人あたり１回1000～2000円を負担してもらいました。

3 各教科の授業づくりの構想

カリキュラム・マネジメント成功の視点

本校のカリキュラムの大きな特徴の一つが、「知識・技能」だけでなく、自ら課題を解決するために必要な「思考力・判断力・表現力等」の育成を重視して、すべての授業でアクティブ・ラーニングを実施することを教育方針として明確に定めたことです。

そのとらえ方が教員間でバラバラとならないよう、学校としての基本的な授業展開や取り入れる活動を定め、実施に向けた支援体制づくりにも力を入れました。

アクティブ・ラーニングの技法を取り入れた授業展開

「考える力」と「説明できる力」をつける授業展開

教育方針②に則り、各教科等ではアクティブ・ラーニングの技法を取り入れた授業を実施し、学力の３要素の育成を図りながら、筋道を立てて考える力（思考力・判断力）と、発見したことや自分の考えを人前で説明できる力（表現力）の育成を、とくに重視することにしました。

具体的には、中学生の発達段階に適したペア・グループでの話し合いや他者への説明などの技法を取り入れ、授業展開として「学習課題について一人で考える」→「グループで考える」→「全体で発表する」→「まとめる」という学習の流れを、学校全体で導入することにしました。

また、調べて書く、意見を述べる、情報を活用するなどの言語活動

資料　アクティブ・ラーニングの授業構想

単元の目標の設定

アクティブ・ラーニングの技法

どのように学ぶか

アクティブ・ラーニングの技法
を使った授業の構想

・技法の目的、期待される効果、生徒の技法の理解度。（授業に使える力を身に付けているか）

・単元の目標を達成するために、授業で使う技法が適しているかどうか。

・主体的・対話的で深い学びが実現できるかどうか。

小学校教育の目標

（学力の３要素）

①基礎的な知識及び技能を習得させるとともに、②これらを活用して課題を解決するために必要な思考力、判断力、表現力その他の能力をはぐくみ、③主体的に学習に取り組む態度を養う。

◎アクティブ・ラーニングの視点から授業の学びを実現する。

◎能動的な学習の技法は総合的な学習の時間で系統的に指導し、各教科の授業で実践できる力を育てる。

◎左の①～③を教科で話し合い、３つの要素を育てることを意識して、共通指導案を作成して授業展開を行う。

※ 共通学習指導案を基本としながら、各教科担任の方針を授業展開に取り入れる。

⑴　生徒が主体的に学力を身につける学習活動になっているか。

⑵　学力の３要素が確実に定着しているかどうか。

※⑴と⑵は、各単元の中で評価する。

※学習評価の充実→指導法の改善

カリキュラム・マネジメントの充実

を多く取り入れた授業づくりをめざしました。

資料は、授業づくりの構想をまとめたものです。各教科等ごとの授業づくりと指導方法の工夫については、第６章で詳しく紹介します。

■ アクティブ・ラーニングに必要なスキルを学ばせる

注意したいのは、生徒が話し合いなどに必要なスキルを身につけていない状態でアクティブ・ラーニングを実施すると、なかなかねらい通りに授業が展開しないということです。

そこで、生徒個々の能力や努力に任せるのではなく、木曜7時間めに実施するEGGゼミで、アクティブ・ラーニングに必要なスキルを系統的に学ばせるようにしました。

また、アクティブ・ラーニングで学習効果をあげるためには、生徒の主体的な学習態度が不可欠であり、素直に学び合える雰囲気が教室に醸成されている必要があります。

そこで、EGG体験でコミュニケーション能力を養成するプログラムを設定し、他者との関わり方をスキルとして学ばせるようにしました。

アクティブ・ラーニングの実施に向けた体制づくり

「すべての授業でアクティブ・ラーニングを実施する」と、校長が方針を出すのは簡単ですが、すべての教師が実践するのはそう容易ではありません。

そこで、方針の実現を教師個々の努力だけに頼るのではなく、学校としてのサポート体制、研究体制づくりが欠かせないと考え、以下のようなシステムを構築しました。

■ 教科内研修の充実

アクティブ・ラーニングを実施する教師の努力と工夫が、個々の授業改善にとどまらず、教科を越えて学校の財産となるようにしたいと考えました。

そこで、各教科内で日常的に授業参観を実施して、教科会として

「南高附属中の授業づくり」に取り組み、共通学習指導案を作成して授業を展開するようにしました（196頁参照）。

教科会というチームでつくった授業であるからこそ、教師は授業に全力で取り組むようになり、良かった点も悪かった点も教科会で共有することで、授業改善へのモチベーションも高まると考えます。

教育顧問による授業研修会の実施

本校では、教育活動を専門的な立場からサポートするため、主に学校経営のアドバイスを行う「学校経営アドバイザー」と、生徒の教育を主な担当とする「教育支援アドバイザー」を、教育顧問として学校組織に位置づけています（202〜204頁参照）。

これら教育顧問を外部講師として招き、授業研修会を計画的に実施することにしました。

まず、講師に朝から授業を参観してもらい、担当教員は個別に授業診断と改善策の指導をしてもらいます。時間があるときは教科全体で集まり、授業改善のディスカッションを行います。

次回の研修では、前回指摘された改善策が実践できているか評価を受けます。評価を受けることで、教員に達成感を与え、自信をもたせることにつながります。

この研修会は、専門家に授業を診断・指導してもらうことから、「授業クリニック」と呼ばれていました。外部講師を活用した校内研修は、教員だけで意見を述べ合うよりも効果が高いと思います。

中学校と高校の連携

本校のような併設型の中高一貫教育校は、中学校と高校とで管理職も組織も異なるので、中高で連携するためのチームをつくる必要があります。

そこで「中高合同管理職会議」を立ちあげたうえで、中高合同の研究推進組織を設置し、合同で授業改善を図ることにしました（213頁参照）。

共通の研究テーマ「思考力・判断力・表現力を育成する授業」を掲げ、その具現化をめざして、アクティブ・ラーニングの技法を取り入れた授業の実践に取り組みました。

また、中高合同の教科会では、学習のねらいとアクティブ・ラーニングの技法の位置づけを明確にした共通学習指導案を作成し、教科全員が共通の指導方法で授業を展開することを目標にしました。

教材・教具の工夫

毎日の授業の効果を高めるため、教材と教具について次のような工夫を行いました。

⑴ 言語環境の整備

- 図書室に移動しなくても常に本を授業で活用できるように、学校司書と教科担任が協力して図書室から授業に関係する本を選び、移動式ラックに入れて教室の後方に置いておく。
- 各学年の廊下にも移動式ラックを設置して、以下の書籍を自由に閲覧できる体制を整える。

・英語の検定教科書の全種類を数セット

・国語や英語などの辞書を各40冊（１学級の生徒

授業に関係する本を教室の後方に置いておく

廊下に置かれた英語の全種類の検定教科書

国語や英語の辞書も１学級分設置しておく

数分）

- 図書室には、各教科の各単元に関係する書籍を集めたコーナーを設置する。

⑵ ICT環境の整備

- 各教室にプロジェクターとマグネット式の簡易スクリーンを設置し、ICTの活用を推進する。

⑶ 学習効果を考えた施設の活用

- グループワーク、模擬裁判、百人一首大会などでは、畳敷きの格技場を活用する。
- 学年の発表会には、南高校のホールを活用する。

4 授業時数と時間割の設定

カリキュラム・マネジメント成功の視点

各教科等の授業時数と時間割の設定にあたっては、本校の教育方針やカリキュラムの全体構想をふまえたうえで、学校経営上の目標達成に向けてどのような教育活動が必要であるかを考えながら、様々な工夫を取り入れました。

第４章で紹介する、学校経営上の目標達成に向けた取組を併せてお読みいただくと、授業時数と時間割設定のねらいについてより深く理解できると思います。

授業時数の設定

国・数・英の３教科を毎日実施

年間の各教科等の授業時数の設定にあたり、まず「国語」「数学」「英語」の３教科の学習時間を十分確保できるようにしました。この３教科は学力差が開きやすく、毎日の継続した学習が必要な教科だからです。

そこで、中学１年から高校１年までの４年間は、この３教科の授業を毎日、週５時間実施できるように、それぞれ標準授業時数から週に１～２時間ずつ増やしました（**資料１**）。

これにより、国語と数学は中学３年間で標準授業時数より140時間の増加、英語は105時間の増加となります（**資料２**）。

資料１　各学年の１週間あたりの授業時数の配分（１期生）

	国語	社会	数学	理科	美術	音楽	保健体育	技術家庭	英語	道徳	総合的な学習	学級活動
第1学年	国語（５時間）	社会（３時間）	数学（５時間）	理科（３時間）	美術（1.5時間）	音楽（1.5時間）	保健体育（３時間）	技術家庭（２時間）	英語（５時間）	道徳（１時間）	総合的な学習（２時間）	学級活動（１時間）
第2学年	国語（５時間）	社会（３時間）	数学（５時間）	理科（４時間）	美術（１時間）	音楽（１時間）	保健体育（３時間）	技術家庭（２時間）	英語（５時間）	道徳（１時間）	総合的な学習（２時間）	学級活動（１時間）
第3学年	国語（５時間）	社会（４時間）	数学（５時間）	理科（４時間）	美術（１時間）	音楽（１時間）	保健体育（３時間）	技術家庭（２時間）	英語（５時間）	道徳（１時間）	総合的な学習（２時間）	学級活動（１時間）

※１時間は50分

資料２　中学３年間の各学年の授業時数（１期生）

	第１学年	第２学年	第３学年	３年間の合計
国語	175(+35)	175(+35)	175(+70)	525(+140)
社会	105	105	140	350
数学	175(+35)	175(+70)	175(+35)	525(+140)
理科	105	140	140	385
音楽	52.5(+7.5)	35	35	122.5(+7.5)
美術	52.5(+7.5)	35	35	122.5(+7.5)
保健体育	105	105	105	315
技術・家庭	70	70	35	175
外国語	175(+35)	175(+35)	175(+35)	525(+105)
道徳	35	35	35	105
総合的な学習の時間	70(+20)	70	70	210(+20)
特別活動	35	35	35	105
総授業時数	1155(+140)	1155(+140)	1155(+140)	3465(+420)

※（　）内の数字は標準授業時数との差を示す

資料３　第１学年の時間割（１期生）

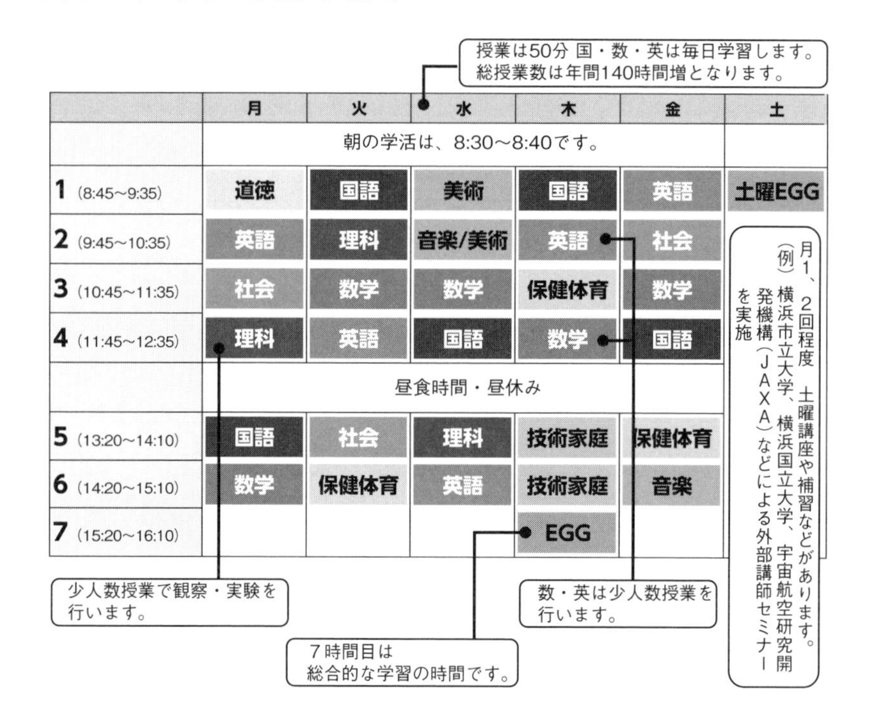

	月	火	水	木	金	土
	朝の学活は、8:30〜8:40です。					
1（8:45〜9:35）	道徳	国語	美術	国語	英語	土曜EGG
2（9:45〜10:35）	英語	理科	音楽/美術	英語	社会	
3（10:45〜11:35）	社会	数学	数学	保健体育	数学	
4（11:45〜12:35）	理科	英語	国語	数学	国語	
	昼食時間・昼休み					
5（13:20〜14:10）	国語	社会	理科	技術家庭	保健体育	
6（14:20〜15:10）	数学	保健体育	英語	技術家庭	音楽	
7（15:20〜16:10）				EGG		

時間割の編成

国数英３教科の授業時数を増加させたことにより、１週間の授業時数は標準の28時間に対して、平均33時間となります。

５時間分の授業時数増ですが、これが生徒の過剰な負担とならないよう、**資料３**のように時間割を編成しました。これは2012年度の第１学年（１期生）の時間割となります。

平日は木曜日を除きすべて６時間授業とし、木曜日のみ７時間めにEGGゼミを行います。

これに毎朝の学級活動（計１時間分）と、土曜日に月１回実施する４時間分のEGG講座（土曜EGG）を加え、週平均33時間の授業時数としています。

各教科等の授業形態

各教科等の授業は、作成した時間割に沿って、以下の形態で実施することにしました。

- 国語・数学・英語の３教科は、毎日授業を行う。
- 数学と英語は、１クラス25～27人の少人数授業を実施する。
- 数学は、週に１～２回TTの授業を展開する。
- 英語は、教員とAETがTTで授業を展開し、週に１回はLL教室を活用してリスニング・スピーキング中心の授業を実施する。
- 理科は、高校の物理教室・化学教室・生物教室などを使用して、高校の教員とTTの授業を展開する。
- 技術・家庭科は、１クラス20名の少人数授業を実施する。
- 保健体育は、中学校と高校の教員が共同で授業を行う。
- 総合的な学習の時間（EGG）は、木曜日の７時間めと、土曜日の午前中に４時間実施する。学習内容により、土曜日の午後に実施する場合もある。
- 中３の「国語」「数学」「英語」で高校の学習を先取り実施する場合は、高校の教員がメインとなって中学校の教員とTTの授業を展開する。

授業以外の時間を活用した教育活動

「時間」をマネジメント可能な経営資源と考え、時間割で定めた授業以外にも、様々な時間や場面を活用して教育活動を設定しました。

これらの学力向上に向けた取組については第７章で改めて紹介しているので、そちらも併せてご覧ください。

■ 朝の時間の活用

朝の時間（8:30〜8:40）は、毎朝の読書活動にあてました。読解力や幅広い教養を育成するためです。朝登校したら、教室で読書をして過ごすように指導します。

■ 放課後・休み時間の活用

⑴　**平日補習**（184頁参照）

火曜日と木曜日の放課後には、つまずきやすい数学と英語について個別指導を行う補習を実施しました。対象は、教科担任が補習の必要があると判断した生徒と希望者です。

学年の生徒全体がこの補習の意義をよく理解し、進んで受ける環境ができた頃を見計らって始めるようにしました。

⑵　**部活動**

部活動は週４日（月・水・金と土日のどちらか１回）の実施とし、終了時刻を17時45分、完全下校は18時としました。

活動は生徒任せにせず、必ず本校の顧問が立ち合うようにしました。

⑶　**校長との個人面談**（192頁参照）

１年生と３年生の生徒全員を対象に、昼休みと放課後の時間を活用して、校長との個人面談を実施しました。

校長が一人ひとりの生徒と直接話をするのは、生徒の学校生活の目標を明確にさせ、モチベーションをアップさせる効果が高いと思います。

■ 土曜日・長期休業日の活用

土曜日には、EGG講座のほか、補習授業や習熟度に応じた特別講座等を実施します。

⑴　**土曜補習**

月に１回、土曜日に４時間、国・社・数・理・英の５教科を対象に全員必修で補習を実施しました。授業外の扱いで、副教材を使用した一斉講義および個別指導を行います。

出勤した職員には、平日に時間単位で週休日の振替を行うか、それでカバーできない場合には、定められた期間内の長期休業日に振替を行います。

⑵　**発展学習**（194頁参照）

希望制で月１回程度、本校の経営・学習アドバイザーである大学教授等が講師となり、数学・英語の難易度の高い発展学習を講義形式で行います。

⑶　**長期休業日の活用**

長期休業中には、必修の夏季英語集中研修（EGG体験）と、選択講座（EGG講座）を実施します。

また、週休日の振替などで職員の休みを確保できるよう、夏季休業中（８月中旬）には部活動も一切行わない２週間の完全閉庁期間を設けました。働き方改革の先駆け的な取組といえます。

家庭学習の目標時間の設定

アクティブ・ラーニングを実施するにあたり、その学習効果をあげるためには、生徒の主体的な学習態度が欠かせません。

そこで、生徒自身で立てる学習計画「私の週プラン」により、平日と休日の家庭学習時間の目標を設定させ、主体的な学習態度が育つようにしました（180頁参照）。

家庭学習で計画的に取り組む課題として、リスニングマラソン（NHKの基礎英語を毎日聞く）、読書マラソン（計画的に本を読む）、計算マラソン（計算練習を毎日行う）、英語教材「NEW TREASURE」の問題などを設定しました（183頁参照）。

また、学校からは学習だより「Forward!!」を発行し、勉強方法、テストの予定、各種試験の分析結果など、家庭学習に役立つ情報を伝えました（193頁参照）。

カリキュラムに支障のない職員会議の設定

綿密に時間割や教育活動を設定しても、職員の会議が重なり計画通りに実施できなくなっては意味がありません。

そこで、職員会議の設定については、以下のルールを定めました。

- 部活動がある月・水・金に放課後の会議は設定せず、教員は部活動や個別指導に専念する（中高合同の職員会議の日は除く）。
- 中高合同の職員会議は月１回、月曜日の放課後に行う。この日は部活動を実施しない。
- 学年会・校務分掌関係の会議は月１回、火曜日の放課後に行う。この日は平日補習を実施しない。
- 教科会（中高合同で実施）、学力向上委員会等の特別委員会、PTA関係の会議は、生徒の授業時間内に行う。

＊

第３章では、本校の教育方針やカリキュラムの全体構想等について紹介しました。これらをふまえて、教育課程を具体的に実施し改善していく、カリキュラム・マネジメントを進めていくことになります。

第４章では、カリキュラム・マネジメントを具体的に進めるための数値目標の設定、それらの達成に向けた実行プラン、課題の分析と改善の方策について紹介します。

校長はこうやって PDCAサイクルを回した

1 目標達成に向けたPDCAサイクルとは

カリキュラム・マネジメント成功の視点

第3章で紹介したカリキュラムの基本方針や全体構想に基づき、教育課程を具現化していくにあたっては、本校がめざす学校経営や学力向上の目標を具体的な数値で設定したうえで、その達成を念頭に進めていきました。

これら数値目標の達成をめざして教育課程のPDCAサイクルを回し続けていくという、カリキュラム・マネジメントの取組こそが、本校の学力を大きく伸ばした要因の一つだといえます。

学校経営のPDCAサイクルの進め方

■ PDCAサイクルのマネジメント手法

学校には、「生徒の学力を上げる」「荒れた状態を正常に戻す」「特色ある教育課程を実施する」など、様々な学校経営上の目標があります。

これまで私は、校長として学校経営上の目標を達成するために、PDCAサイクルのマネジメントの手法を駆使して仕事を進めてきました。

つまり、達成すべき目標を設定したら、実現するためのプランを作成（Plran）して、着実に実行（Do）し、達成状況を定期的に評価（Check）して、必要に応じてプランや手立てを改善（Action）し、また目標をめざして実行していくのです。

■ 具体的な中期・短期目標の設定

このとき、教育目標のような抽象的で長期的な目標を実現させるためには、3年間、1年間、1学期のように、より短い期間で達成をめざす中期・短期目標を段階的に設定して、そこから逆算しながらプランを作成し、確実に実行していくようにしました。

これらの中期・短期目標は、具体的な数値で設定することが重要です。そうしないと、たとえ評価をしても達成状況が順調なのか、目標を達成できたかの判断ができず、改善につなげることができないからです。

■ ゴールを決めたら必ず達成する

将来の子どもの姿を見据えた教育論議は重要ですが、目の前の子どもたちに対して、6年間でどうするか、3年間でどうするか、短いスパンで教育効果を上げるのが学校の責任だと考えました。

そこで本校では、教科学習の状況や主体的な学習態度など、高校3年生と中学校3年生の段階で「こういった姿になっていればいいな」という到達目標のイメージを、具体的な数値で設定しました。

そのとき、少し実現が難しい高いレベルの目標をつくるようにしました。たとえば、全員の9教科の評定を4～5にする、英語では英検準2級を90%にするなどです。

ゴールを決めたら、それらを達成するために必要な取組を考えてプランを作成し、「目標は必ず達成する」という強い意志をもって実行していきます。

達成状況は定期的にチェックして、何か問題が見られたら組織的に対応しスピード解決を図ります。先延ばしをしないことが大切です。

2 カリキュラムを展開させる校長のマネジメント

カリキュラム・マネジメント成功の視点

目標達成に向けてカリキュラムのPDCAサイクルを回すといっても、校長一人では何もできないので、教職員の意欲向上も含め、学校という組織全体を動かしていかなければなりません。

そのための校長のマネジメントとして、具体的な目標の共有、すばやい改善の実行、教員の資質向上、動きやすい組織づくり、の４点を重視し、具体的な企画づくりは自由な意見交換によって進めることを心がけました。

学校組織のPDCAを回し続けるポイント

校長のマネジメントとして重視した４点

目標や計画を絵に描いた餅で終わらせないためには、校長のマネジメントによってカリキュラムに沿った教育活動を実施・展開し、定期的な評価と、必要に応じた改善を行っていく必要があります。

このとき校長として重視したのは、以下の４点です。

①具体的な達成目標と実現に向けたプランを設定し、カリキュラムを組織全体で共有して実現をめざす体制をつくる
②目標の達成状況をスピード感をもって評価し改善につなげていく
③個々の教員の資質向上を、最優先課題として取り組む
④校長のリーダーシップが発揮できる組織・校務分掌をつくる

■ 評価は改善につなげてこそ意味がある

具体的な目標を共有することで、教職員全員が経営者の視点をもった、「考える集団」をつくることを心がけました。

また、達成状況の評価は改善につなげてこそ意味をもちますので、評価を行ったらできるだけ早く改善策を考え実行するようにしました。改善策を考えるうえでは、達成状況を分析するためのチームを校務分掌に位置づけることが有効です（90頁参照）。

成果が出ていない取組は止めることも視野に入れて検討し、成果を上げている内容については、さらに効果を上げる方法を考えるようにしました。

■ すぐに行動できる組織をつくる

校長を支える仕組みとして、校長、副校長、プロフェッショナル仕事人（企画・情報処理・情報分析・広報・渉外などに精通している教員１～２名）で構成する特別サポート集団をつくり、校長のブレーンとして機能させました。

また、短時間で共通理解ができ、すぐに行動できるミドル集団の養成にも力を入れました。具体的な教員の育成と組織づくりについては、第８章をご覧ください。

また、校内だけでなく、外部の組織と連携する必要もあります。大手予備校や塾、ベネッセ等の様々な教育関係の企業等とも連携するようにしました。

「考える集団」をつくる企画の立て方

■ ４つのプロセスで企画を立案する

「考える集団」づくりについては、開校前の開設準備室の段階から進めていました。

本校で取り組む具体的な企画について、以下のプロセスを経て次々とプランニングを行い、短期間で企画書という形にまとめていくようにしたのです。

⑴　アイデアの出し合い

たとえば「体験学習をどう行うか」という課題をテーマにして、平等の立場で自由な意見交換のもとにアイデアを出し合います。

⑵　アイデアの検証

次に、それらのアイデアが実現可能かどうか、効果があるのかどうかの検証を行います。

この検証の際には、研究校・先進校の事例や資料を集めるだけでなく、講習会に参加したり、学校の視察を行うなどして、メンバーが実地で調査し実際に体験するようにしました。

⑶　企画書の作成

これらの検証をふまえて効果があると判断したら、その手立てを企画書としてまとめていきます。

それぞれの企画には、募集人数5000人をめざす「アタック5000人」など、わかりやすい名称をつけるようにしました。

⑷　企画内容の発表

こうしてまとめた企画内容は、記者発表を通して校外にどんどん公表していきました。まだ名も知られていない新設校に注目してもらうための方策の一つでした。

■ スピード感をもって短期間でプロセスを回す

この企画作成は、１週間に１件程度を目安にスピード感をもって進めていきました。

「①アイデア出し」→「②内容の検証」→「③企画書の作成」→「④校外に公表」というプロセスを短期間で回す手法を繰り返すことによ

って、メンバーの情報をキャッチする力、多くのアイデアを考え出す力、アイデアを企画へと具体化させる力、協働で仕事を進める力などが高まり、組織が「考える集団」として育ちました。

この企画立案の手法は、何か学校の業務を見直したり、新しい事業に取り組んだりする際にも有効です。

■ アイデア出しと検証の際の留意点

企画のアイデア出しの際に大切なのは、
①課題に関係する資料や情報を多く集める
②質より量でたくさんアイデアを出す
③自分の考えを他の人の考えに結びつける
ことです。メンバーの自由な意見交換を実現させるために、これらを繰り返し伝え、アイデアが湧き出るような話し合いの環境づくりを心がけました。

会議で話し合ったことは「決定事項」「検討事項」「確認事項」に整理して、翌日の朝にはメンバーに配付し情報を共有するようにしました。

また、企画の内容を検証する際には、

①課題が明確になっているか
②課題を解決するにあたって最も適した内容になっているか
③人・物・金というマネジメントの視点から考えて実現可能であるか

の3点から点検するようにしました。

3 満足度90%をめざす中期目標の設定

カリキュラム・マネジメント成功の視点

学校教育目標という抽象的な目標を達成するため、6年後に達成をめざす中期目標を、具体的な数値目標で設定しました。本校は、この中期目標の達成を大きなゴールとして、カリキュラム・マネジメントに取り組んできました。

とくに、学校生活の満足度については90%という高い目標を設定したうえで、その達成を阻む原因を分析してカリキュラム等を見直し、改善策を実施していくというPDCAサイクルを回し続けました。

学校教育目標の実現に向けた中期目標の設定

市の基本計画に示された「学校教育目標」の実現に向けて、校長として本校の学校経営を進めていくにあたり、1期生が高校を卒業する際の姿をイメージしながら、6年間の中期目標を**資料1**のように設定しました。

この中期目標は、「6年間で基礎学力、学習習慣、強い意志を育成する」としたうえで、

- 教育内容の満足度
- 生徒の授業満足度
- 国公立大学入学者
- センター試験5教科7～8科目の受験率

の4つの項目について数値目標を設定しているのが特徴です。

資料1　6年間で達成をめざす中期目標

中期目標	
教育内容の満足度	⇒ **90%以上**
授業満足度	⇒ **90%以上**
国公立大学入学者	⇒ **80名以上（160人中）**
大学入試センター試験 5教科7～8科目の受験率	⇒ **100%**

6年間で基礎学力、学習習慣、強い意志を育成する。

学校生活の「満足度」に関する目標の設定

■ 意識調査をもとに満足度90%をめざす

「教育内容の満足度」と「生徒の授業満足度」は、生徒と保護者を対象に年2回実施する「学校生活に対する意識調査」（**資料2**、次頁）の結果をもとに算出します。

この意識調査は、生徒と保護者の意見を十分に聞いて日々の学校運営を改善していくために実施するもので、①学校生活全般、②授業、③人間関係、④部活動に対する満足度を評価してもらいます。

「教育内容の満足度」は①～④に対する生徒と保護者の回答、「生徒の授業満足度」は②に対する生徒の回答を集計し、「1…とてもあてはまる」と「2…まああてはまる」の回答が90%以上となることをめざしました。

資料２　「学校生活に対する意識調査」アンケート用紙（生徒用）

学校生活に対する意識調査

中学校に入学してから３カ月以上経った皆さんの現在の状況を知り、これからの教育活動に生かすために、生徒対象の意識調査を行います。

質問が４つありますが、それぞれ、皆さんのだいたいの傾向を知るために設定してありますので、一つ一つの細かい事柄というよりも、全体的にとらえて回答してください。

回答方法は、それぞれの質問に対して、次の１～４から１つ選び、数字を各質問の右にある回答欄に記入してください。

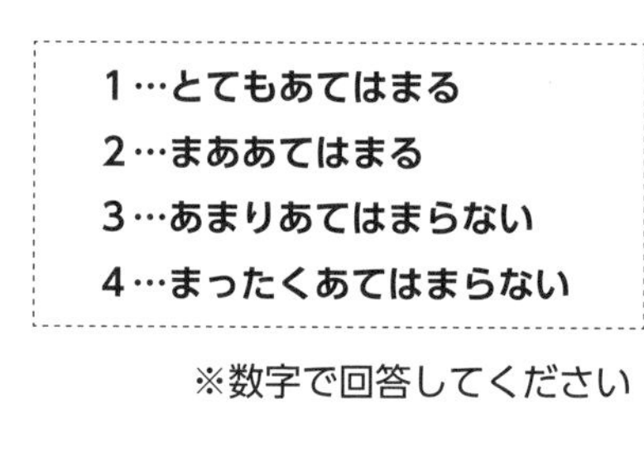

		回答欄
質問１	あなたは学校生活に満足していますか。	
質問２	あなたは学校の授業に満足していますか。	
質問３	あなたはクラスの友だちに満足していますか。	
質問４	あなたは部活動に満足していますか。	

■ 生徒に授業を評価してもらい改善につなげる

「90％以上」とは高い数値目標ですが、本校の学校教育目標を具現化するには、この数値が達成されるような学校生活やカリキュラムを提供する必要があると考えました。

とくに「生徒の授業満足度」については、生徒の満足度とその到達目標を数値で示すことで、達成度がひと目でわかるようになりました。
　カリキュラムが適切に実施されているかを判断するには、授業を行っている教師よりも、実際にその授業を受けている生徒に評価してもらうほうが、改善に役立つ客観的な情報を得ることができます。
　満足度が目標の90％に届かなければ、速やかにその原因を調査・分析し、カリキュラム等を見直して改善策を実施していきます。

■ 高い満足度の結果が肯定感を生み出す

　その一方で、高い満足度の結果が出たならば、生徒は所属集団を肯定的にとらえることができ、帰属意識も高まって、望ましい人間関係の形成や、お互いに学び合う環境づくりにつながります。
　保護者の学校教育に対する信頼感も高まります。
　また、教師にとっても、日々の教育実践が高く評価されているという自己肯定感につながり、授業に自信をもって臨めるようになります。

「高い学力の習得」を具現化する目標の設定

　次に、「国公立大学入学者80名以上」という達成目標は、基本計画がめざす中高一貫校としての「高い学力の習得」を具現化するための数値目標として、１学年160名の50％以上が国公立大学に入学できるよう設定しました。
　また、「大学入試センター試験５教科７～８科目の受験率100％」という達成目標は、上記の国公立大学入学者の目標達成をめざすとともに、生徒全員が高校３年生までの６年間に各教科をバランスよく学んだことを確認する指標の一つとして設定しました。

生徒の実態をふまえた4期の設定

カリキュラム・マネジメント成功の視点

設定した中期目標を確実に達成するためには、学習指導要領に沿って学習内容を考えるだけでなく、その期間に生徒の実態がどうなっていくのか、どのような課題が生じうるかを予測し、その対策となる手立ても考えたうえで計画を作成することが大切です。

本校では、調査データを分析して公立中高一貫校に特有の課題を把握し、中高6年間を生徒の実態に合わせて4期に分けたうえで、それぞれの時期に取り組むべき課題を明確にしました。

目標達成を阻む中高一貫校に特有の課題

「学力差」と「中だるみ」

設定した中期目標を確実に達成するためには、6年間で何に取り組めばよいかを分析し、その実現に向けた手立てを考える必要があります。

このとき、とくに学力向上に関する目標の実現にあたっては、公立の中高一貫教育校に特有の大きな2つの課題を解決する必要がありました。

1つめの課題は、適性検査によって入学者の選抜を行うため、入学時の生徒間の「学力差」が大きく、学年が進行するにつれてその差が広がりやすいことです。

2つめの課題は、高校入試がないことにより「中だるみ」が生じやすいことです。

資料１　中高一貫校の学力変動の推移（学力差の発生メカニズム）

6　2012年度　中高一貫校指導研究会
生徒間の「学力差」はどのように発生しているのか
第1部
Benesse®

生徒間の「学力差」の発生メカニズム
～変動期・維持期・拡大期～

変動期
ポイント①
中学入学後1年間は学力変動幅が大きく、多層化する

維持期
ポイント②
中2春時点の成績を3年間維持し、固定化する

拡大期
ポイント③
上位層は伸びていくが、中下位層は維持・下降する

学力
中1　中2　中3　高1　高2　高3

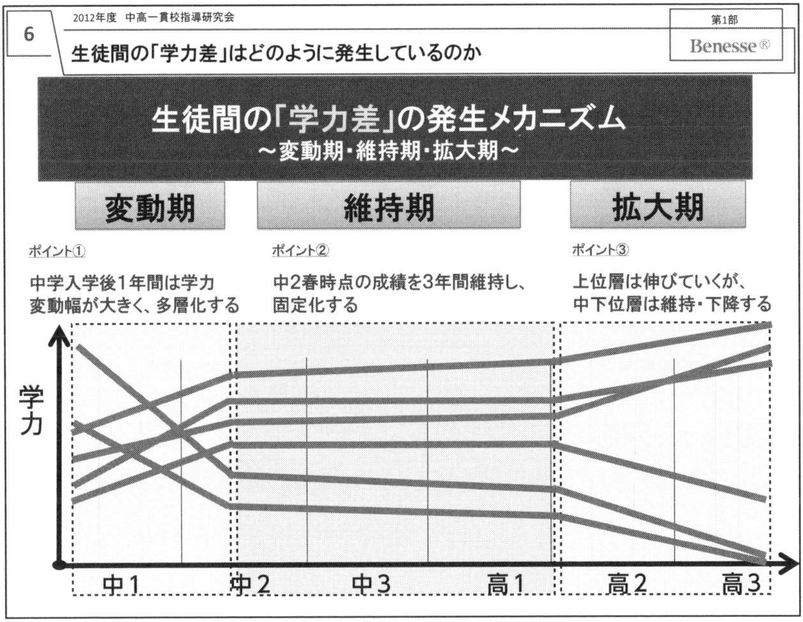

ベネッセコーポレーション「2012年度中高一貫校指導研究会」資料より

「学力差」の課題

資料１は、ベネッセの学力推移調査をもとに、６年間で生じる生徒の「学力差」の推移を表したグラフ（学力差の発生メカニズム）です。

このグラフによると、中高６年間のなかで最も学力が変動する時期は、中学１年春から中学２年春頃まで。そこから次第に「学力差」は開き始め、中学２年夏から高校１年冬あたりまで固定化し、その後はさらに拡大していく傾向が見られます。

次頁の**資料２**は、この学力差の推移に合わせて中高６年間を「変動期」「維持期」「拡大期」の３つに分け、それぞれの時期の特徴を整理したものです。

資料２　「変動期」「維持期」「拡大期」の特徴と課題

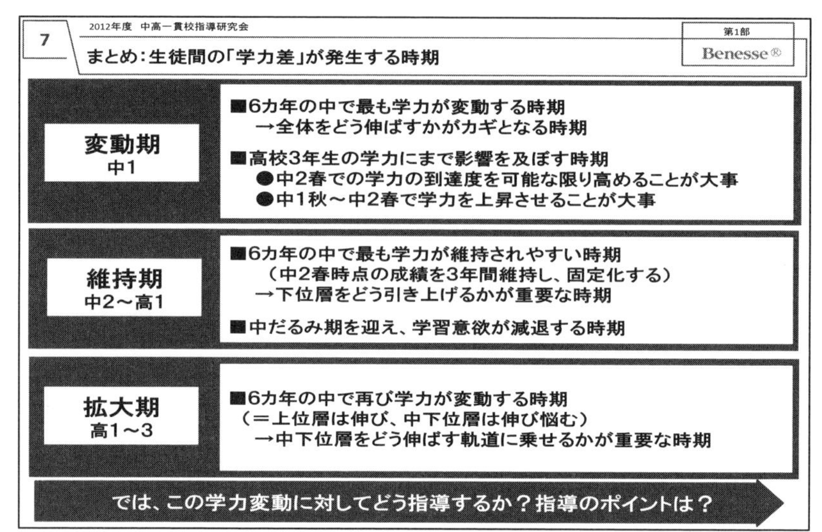

ベネッセコーポレーション「2012年度中高一貫校指導研究会」資料より

「中だるみ」の課題

次の課題である「中だるみ」は、学校生活に慣れて身近な目標がなくなる中学２年の春頃から始まり、高校１年春あたりまで続きます。

その特徴として、学習意欲が減退して家庭学習の時間が減少する、学習の計画が立てられなくなる、などの変化が起こります。

資料３は、学力推移調査をもとに、中高一貫校の平日の平均学習時間の推移を示したグラフです。中学２年に入ると学習時間が減少していき、中学３年から高校１年まで中だるみ期間が生じていることがわかります。

また、中だるみの始まる時期は学力差が開き始める時期でもあり、とくに数学・英語に苦手意識を持つ生徒が増えてきます。

資料３　中高一貫校の平日の平均学習時間の推移（中だるみの発生）

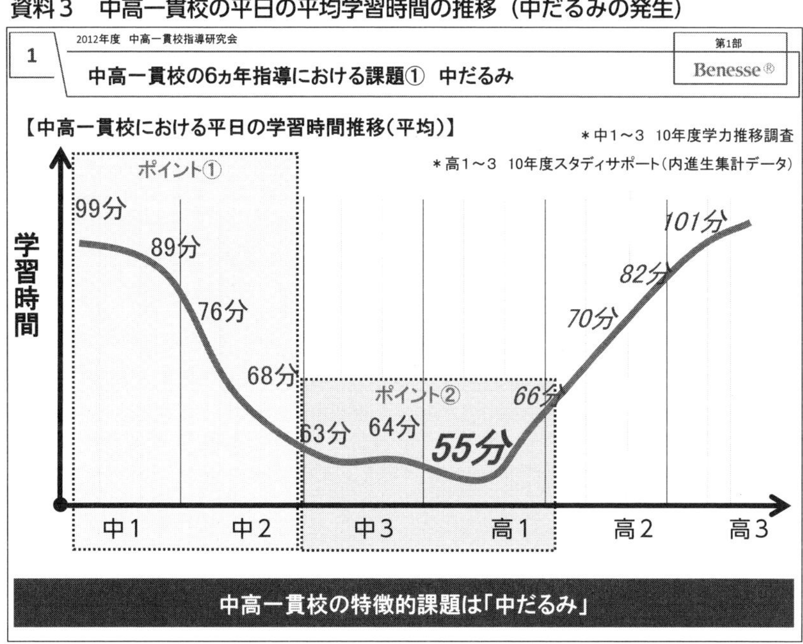

ベネッセコーポレーション「2012年度中高一貫校指導研究会」資料より

生徒の実態に合わせて６年間を４つに区分

これら２つの課題を克服するため、「学力差の発生メカニズム」のグラフ（資料１）をもとに、

- 第Ⅰ期……中学前半（変動期にあたる）
- 第Ⅱ期……中学後半（維持期前半にあたる）
- 第Ⅲ期……高校前半（維持期後半にあたる）
- 第Ⅳ期……高校後半（拡大期にあたる）

と中高６年間を４つの期間に区分しました。

有効な取組を行うためには、ただ学年で区切るのではなく、生徒の実態に合わせて手立てを考えることが大切だからです。

そして、それぞれの期間のねらいと取り組むべき課題を整理し（**資料４**、次頁）、高校卒業までのロードマップを描きました。

資料４　中高６年間の第Ⅰ～Ⅳ期のねらいと取り組むべき課題

第Ⅰ期 中1・4月～中2・9月	第Ⅱ期 中2・10月～中3・2月	第Ⅲ期 中3・3月～高1・12月	第Ⅳ期 高1・1月～高3・3月
家庭学習の時間の確保 平日90分 休日３時間	家庭学習の維持・定着 平日90分 休日３時間 集中力・スピード感 質を高める	家庭学習時間増加 平日３時間	家庭学習時間増加 平日２年生４時間 ３年生５時間
・９教科を全力で取り組む ・３教科（国数英）の勉強の仕方を学ぶ ・基礎学力の向上 リスニング・マラソン 読書マラソン 計算マラソン	・5教科の基礎固め ・中学校レベルの知識の確実な定着 リスニング・マラソン 読書マラソン 計算マラソン 英検準２級取得	・5教科の基礎固め ・主体的な学習 ・発展学習 ・進路の方向性を定める 英検２級取得 各種模擬試験受験	・進路目標実現に向けた主体的な学習 ・総合的発展的な学びの深化 ・学びへの飽くなき探求心を持つ

5 学力を引き上げる短期目標の設定

カリキュラム・マネジメント成功の視点

中期目標を設定して中高6年間のロードマップを描きましたが、ゴールが遠すぎると「中だるみ」が発生して、途中で道を見失いかねません。

そこで、教師・生徒・保護者の三者が共有してモチベーションを高められるように、中学3年間で達成をめざす学力向上の短期目標を設定しました。数年後の成長した生徒の姿が具体的にイメージできるように設定することが重要です。

中学3年間でめざす短期目標の設定

より具体的で身近な学力の目標を示す

中高6年間で達成をめざす中期目標を設定しましたが、大学入試は大分先の話なので、とくに学力に関する目標については教師も生徒も実感をもちにくく、日々意識できるような目標となりません。

また、高校入試がないので「中だるみ」が起きやすいという課題を克服するためにも、中学3年間（第Ⅰ・Ⅱ期）で達成をめざす、具体的で身近な短期目標を設定しました（**資料**、次頁）。

この短期目標は、「全員の学力を引き上げる」として、外部試験を積極的に活用し、中学3年の2月の時点でめざす学力の水準を明確に示しています。

また、3年後のベネッセの学力推移調査で「S判定80名・A判定80名」という高いゴールをめざすことから、これらの目標達成に向けた

資料　中学３年間で達成をめざす短期目標

短期目標（第Ⅰ期・第Ⅱ期）

2012年度入学生 学力向上プロジェクト
（S80・A80 プロジェクト）

目標：全員の学力を引き上げる

学期末の目標準拠評価による評定２～３ → ４に引き上げる ⇒ **全員**

３年生10月実施のベネッセ学力推移調査のSゾーン ⇒ **80名/160名**

３年生10月実施のベネッセ学力推移調査のAゾーン ⇒ **80名/160名**

３年生２月実施のZ会アドバンストテストの偏差値62.5以上 ⇒ **20名/160名**

英検（実用英語技能検定）３年生２月 準２級取得率 ⇒ **75%**

数検（実用数学技能検定）３年生２月 ３級取得率 ⇒ **100%**

数検（実用数学技能検定）３年生10月 準２級取得率 ⇒ **60%**

学力向上プロジェクトを「S80・A80プロジェクト」と呼び、教師・生徒・保護者の三者で共有するようにしました。

■ 全員の評定を４に引き上げる

９教科の基礎学力をバランスよく身につけさせるために、各学期の９教科の評定について２～３をなくし、全員を４～５に引き上げることをめざしました。

■ 学力推移調査のS判定80名・A判定80名

学力の定着状況を確認する資料として、定期テストの他に、外部試験であるベネッセの学力推移調査を導入することにしました。

中学校卒業時点の学習到達度がS判定に到達している生徒は、国公立大合格の可能性が高いというデータに基づき、中学３年の２月の目標を、S判定80名・A判定80名（１学年160名中）に設定しました。

■ Z会アドバンストテストの偏差値62.5以上を20名

本校の「目指す学校像」として掲げる、「国際社会で活躍するリーダー」を育成し「質の高い学習により、高い学力を習得できる学校」を実現するためには、より難易度の高い試験にも取り組む必要があると考えました。

そこで、全国の有力進学校の生徒が数多く受験しているZ会アドバンストテストに挑戦することにし、超難関大学校への合格の可能性が高いとされる偏差値62.5以上を20名という目標を設定しました。

■ 外部検定の取得率の設定

高校入試がないなかで、生徒が目標に向かって計画を立て、主体的に学習する態度を養うために、英検（英語検定）や数検（数学検定）などの外部検定試験を活用することにしました。

英検準２級の取得率を75％、数検３級の取得率を100％、数検準２級の取得率を60％として、目標を高く設定することで生徒たちの奮起を促したいと考えました。

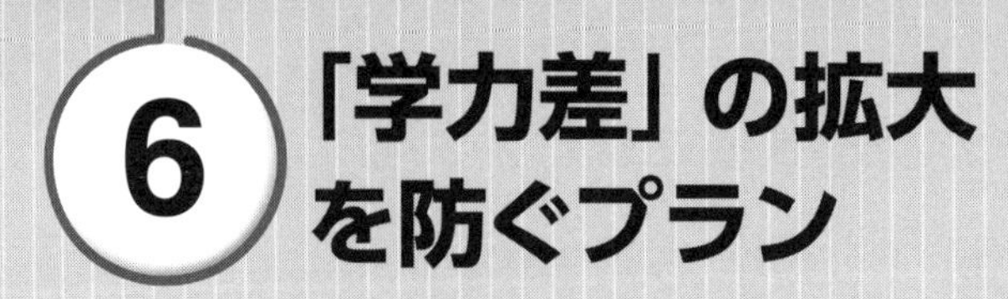

6 「学力差」の拡大を防ぐプラン

カリキュラム・マネジメント成功の視点

中期目標・短期目標の達成に向けて、すべての生徒の学力を引き上げるためには、「学力差」の前触れとなる中学1年春～中学2年夏頃までの「第Ⅰ期」に、中高6年間の土台となる学習態度や基礎学力を定着させておくことが重要だと考えました。

そこで、本校の生徒にとって、6年間の土台をつくるにはどのような学習活動や取組を行う必要があるのかを考え、これを第Ⅰ期のプランとして作成し、実行していきました。

6年間の土台をつくる第Ⅰ期のプラン

「変動期」にあたる第Ⅰ期（中学1年春～中学2年夏頃）は、中高6年間のなかで最も学力が変動し「学力差」が生まれる前触れの段階なので、この時期に6年間の土台となる学習態度や基礎学力をしっかりと定着させておくことがきわめて重要です。

そこで、学び合う学習環境づくり、主体的な学習態度の定着、苦手教科の克服などの取組を設定した、6年間の土台づくりのための第Ⅰ期のプランを作成しました（**資料**）。

生徒の心の居場所をつくる取組

新入生が気軽に学び合える関係づくりのために、入学当初からプロジェクトアドベンチャー、構成的グループエンカウンター研修、コミュニケーション研修などの様々なプログラムを設定し、EGG体験（総

資料　6年間の土台をつくる第Ⅰ期（変動期）のプラン

第Ⅰ期［中学1年4月 ～ 中学2年9月］
①生徒の心の居場所をつくる
入学して1ヵ月間で人間関係づくり （プロジェクトアドベンチャー、構成的グループエンカウンター研修、コミュニケーション研修） 安心して過ごせる集団、自己肯定感が高い集団をつくる 参加型学習を取り入れた道徳の授業を展開する
②生徒の学習意欲を高める
「学校はまちがうところだ」という意識を計画的に育む 国語で学校紹介のスピーチをする 学習面談 … 校長と面談（学力・家庭学習の習慣をつけるため） 学習集会 … 勉強方法の共有 → 効果があった学習方法を生徒がお互いに紹介し合う 学習のしおり 学習だより 国公立大学への進学率50％をめざす → 中3で大学調べ リスニング・マラソン（基礎英語）/ 読書マラソン / 計算マラソン
③９教科すべてに積極的に取り組む態度を養う
バランスの良い学力を身につける 苦手な教科の克服を通じて忍耐力をつける
④国数英の基礎事項を定着させる
基礎力診断テスト / リスニングマラソン / 計算マラソン / 読書マラソン
⑤主体的に学ぶ学習習慣をつける
家庭学習の習慣をつける 勉強と部活の両立をめざす（部活は平日3日、入部は6月）

合的な学習の時間）で実施することにしました（103頁参照）。

■ プロジェクトアドベンチャー

１年生が入学直後、神奈川県・足柄の豊かな自然の中で、ファシリテーターから出される様々な課題を、グループごとに体と頭と心を使って解決していくアクティビティ活動です。

体験を通して協力すること、声を掛け合うこと、励まし合うことの大切さを感じ取り実感させます。

■ 構成的グループエンカウンター研修

エンカウンターというのは「出会い」とか「心と心のふれあい」という意味です。

お互いに支え合う人間関係づくりをめざした活動で、グループによる「エクササイズ」と「ふりかえり」からなります。

専門家の講師による指導のもと、様々なグループに分かれて楽しくエクササイズに取り組み、安心できる人間関係づくりをめざします。

■ コミュニケーション研修

年に２回行われる専門家の講師による楽しい講話と、全員参加の体験型の活動を通して、「ことばのキャッチボール」の意味を理解します。

生徒の学習意欲を高める取組

生徒の学習意欲を高めるための手立てを、以下のように設定しました。

■ 「教室はまちがうところだ」という意識の育成

アクティブ・ラーニングを行うためには、間違うことを恐れず、積極的に発言する必要があるため、「わからない自分の姿を素直に表現しよう」「わからないことは積極的に聞こう」という意識を、入学した４月から計画的に育成することにしました。
たとえば道徳では、蒔田晋治の『教室はまちがうところだ』という絵本（子どもの未来社、2004年）を題材に授業を行いました（177頁参照）。教室では間違って当たり前、間違うことを素直に認めることが大切という意識を共有することで、発言や発表が活発になり授業の活性化につながります。
また教師も、生徒がわからないことを積極的に聞けるような授業展開を心がけ、昼休みや放課後には質問コーナーを設けて学習相談を行うようにします。

■ 学習だよりの発行

学習に関する内容を取り扱った「学習だより（Forward!!）」を発行し、授業の心構え、効果的な学習の仕方、家庭学習の仕方、情報の集め方と整理の仕方、図書館の活用の仕方などを定期的に伝えていきます。

■ １年生による学校紹介

多くの人の前で発表する経験は、生徒に自信を持たせると考え、国語科でスピーチの学習を行った１年生全員に、本校の入学希望者を対象とした学校説明会で本校のよいところをプレゼンテーションしてもらうことにしました（125頁参照）。
授業で学習した内容を実際の場面で活用することは、生徒の貴重な経験となり、その後の学校生活にも必ず役立つと考えました。

■ 校長との個人面談

１年生の生徒全員を対象に、昼休みと放課後の時間を活用して、学習状況に関する校長との個人面談を実施します。

この個人面談は、中だるみ克服の目的も兼ねて行います。

 国数英の基礎事項を定着させる取組

学力差を生む背景の一つに、基礎事項の定着度の違いが考えられますが、この点については授業をアクティブ・ラーニングで行うため若干の不安がありました。

そこで、学力の定着状況が見えにくい国語と、学力の差が開きやすい数学・英語の３教科については、以下のような手立てを取ることにしました。

補習の実施

本校では土曜日に月２回授業を行う計画を立てていたので、その１回をこの３教科を中心とした補習授業にあてることにしました。補習授業は３教科の教員を中心に学年の教員全員で行い、個別の指導にもあたることができるようにしました。

また、平日の放課後にも週１～２回補習を行い、授業がわからなくなっている生徒へのフォローを手厚く行えるようにしました。

国語科の取組

「話す・聞く・書く・読む」の活動に欠かせない漢字や語彙の量を増やすため、漢字検定用の問題集を補助教材として活用し、あらかじめ出題範囲を明らかにして、こまめに漢字の小テストを実施することにしました。

また、読書の習慣を定着させるため、１年生から年間を通して、自分で目標を設定して読み進めていく「読書マラソン」を行うことにしました。定期的に進み具合を点検したり、夏休み前には推薦図書リストを配付したり、読むジャンルに偏りがないよう授業でブックトーク

を行うなど、読書指導を工夫します。

■ 数学科の取組

計算力をつけるため、中学３年間の学習内容が載っている計算ドリルを使用し、授業中に時間を確保してタイムを計り計算練習を実施することにしました。定期テストでも必ず計算問題を出題します。

また、計算力をつけて頭の働きをシャープにするため、１年生の総合的な学習の時間で珠算の学習（フラッシュ暗算を含む）を実施することにしました。

■ 英語科の取組

英語に親しむとともに家庭学習の定着が期待できることから、NHKラジオ「基礎英語」を聴いた時間を毎日記録する「リスニングマラソン」を行うことにしました。毎月初めにリスニングマラソン記入用紙を配り、記録したうえで毎月の最後の授業で回収します。

主体的に学ぶ学習習慣をつける取組

３年間の中学校生活において、生徒に「目標に向かって粘り強く努力する精神力」や「主体的に学ぶ学習習慣」を身につけてほしいと考え、家庭学習の計画や記録をつける「私の週プラン」を毎週記録させることにしました（180頁参照)。

これはレコーディング・ダイエットの手法を応用したもので、目標の家庭学習の時間に達しているかどうかを生徒自身に気づかせ、自分から学習意欲を向上させるためのツールです。

主体的な学習習慣を育む指導として、最も重視した取組です。

徹底的な分析による課題の把握と改善

カリキュラム・マネジメント成功の視点

目標を達成するために大切なことは、作成したプランを実行するなかで、その成果を適宜分析して現状を把握し、課題に応じた改善策を講じることです。

そこで本校では、「年間テストプラン」を作成して、テストやアンケートの実施後にはすぐに校内組織で結果を分析し、過去のデータと比較しながら生徒の学力や学習状況を詳細に把握し、見つかった課題に対して改善策を講じていくように心掛けました。

1年間を通したテスト計画の作成

■ さまざまなテストから学習状況を把握する

3年後に設定した短期目標の達成を図るためには、作成したプランに沿って教育課程や教育活動の取組を進めていきながら、計画通りの成果が出ているかを把握・分析し、課題が見つかれば年度や学期の途中であっても改善していくことが必要です。

そこで、生徒の学習の定着状況を把握し、分析の精度を高めていくため、中間・期末テストだけでなく、ベネッセやZ会の業者テストなどのさまざまなテストを実施することにしました（「基礎力診断テスト」は開校2年めから実施。理由は後述）。

■ 「年間テストプラン」で実施の目的を明確にする

これらテストの1年間の実施スケジュールを「年間テストプラン」

資料1　「年間テストプラン」で実施目的と活用方法を示す

4月	新学力テスト（1年生）、学力推移調査①（全学年）
5月	前期中間テスト（全学年）
7月	前期期末テスト（全学年）
8月	基礎力診断テスト①（全学年）
10月	基礎力診断テスト②（全学年）、学力推移調査②（全学年）
12月	後期中間テスト（全学年）、基礎力診断テスト③（全学年）
2月	学力推移調査③（全学年）、横浜市学力・学習状況調査（全学年）
3月	後期期末テスト（全学年）、Z会アドバンストテスト（3年生）

テスト名	実施目的	活用方法
新学力テスト （1年生の4月実施）	・有名私立中学校の受験レベルで、入学時の生徒の学力を診断する（国・社・算・理）。	・生徒の学力の状況を、教育課程の編成・実施に反映させる。
定期テスト （年3回実施）	・生徒の知識・技能、思考力・判断力・表現力の到達度を診断する。	・観点別の評価に活用する（問題は観点別に作問）。 ・評定の2～3にあたる生徒に対して、個別指導を実施する。 ・偏差値で到達度の状況を数値化する。
基礎力診断テスト （年3～4回実施）	・テスト実施日までの、生徒の5教科の知識・技能の習得状況を把握する。 ・学年修了時には、1年間で学んだ知識・技能の習得状況を測定する。	・習得状況が一定の基準に達するまで受験させ、知識・技能の定着を図る。
学力推移調査 （1～2年生は年3回、3年生は年2回実施）	・大学受験に向けた学力の状況（S・A・B・C・D判定）とその推移を把握する。 ・学習時間（平日、休日）の状況とその推移を把握する。	・授業改善、教科指導、家庭学習の管理などに活用する。
横浜市学力・学習状況調査	・サポートの必要な生徒の観点別学習状況を把握する。	・個別指導の対策を立てて、実行する。

として作成し、それぞれのテストの実施目的と活用方法を明確にしました**（資料1）**。

テストは、教師が成績を付けるための手段として実施されがちですが、その結果から生徒の学習状況を把握して改善に活かさなければ、実施した意味が薄れてしまいます。
　そこで年間プランを作成し、「なぜこの時期にこのテストを行い、結果をどう活用するのか」まで目的意識をもって実施できるようにし、テストをやりっ放しで終わらせないようにしたのです。
　たとえば、定期テストの実施後にはすぐに結果を分析し、評定で2〜3にあたる生徒には個別指導を実施するようにしました。また、テスト終了後には、必ず間違った問題や難しかった問題を解き直す「テスト後振り返り課題」を出すようにしました（189頁参照）。

分析・改善を行うための校内体制の整備

■ 分析から課題を把握し改善につなげる

　これらのテストに加えて、「私の週プラン」の進行状況や「学校生活に対する意識調査」の結果などを分析し、生徒の学力や学習状況が前回と比べてどのように推移しているか、数値目標に対してどれくらいの達成度にあるかを把握しました。
　生徒の現状を把握し、前回より数値が下がっているなど思わしくない結果が出たときには、すぐに改善策を講じる必要があります。
　このとき大切なことは、なぜ悪い結果になってしまったのか、その原因を分析したうえで改善策を立案することです。
　悪い結果だけを見て、原因が曖昧なまま改善策を講じると、生徒や教員の負担が増すだけに終わるなど、かえって逆効果となる場合もあるので注意が必要です。

■ 校務分掌に「学力向上委員会」を置く

　これらデータの分析と改善策の立案を、校長のリーダーシップのもとに組織として取り組むため、校務分掌に「学力向上委員会」を設置

資料２　学力向上委員会と分析チームの位置づけ

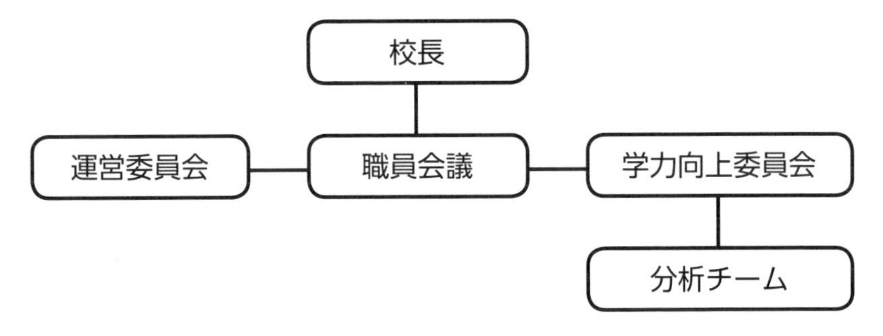

し、そのなかに「分析チーム」を置きました（**資料２**）。

「学力向上委員会」設置の目的は、教育課程と指導方法の改善を推進し、生徒の学力を向上させ、学力向上に対する教員の意識を高めることです。

そのなかで「分析チーム」は、各種データを分析して課題を発見し、結果をまとめて、学力向上委員会に報告する役割を担います。

「分析チーム」の３つの役割

分析チームの主な役割は、①生徒の学力・学習状況の分析、②生徒の学校生活の満足度の分析、③学校経営に必要な情報の収集・整理の３つです。

①は、年間テストプランで定めた活用の視点に沿って、各種テストの結果を分析し、生徒の「知識・技能」や「思考力・判断力・表現力等」の学力の状況を把握します。

また、「私の週プラン」の進行状況や、家庭学習の課題の提出状況などを分析し、主体的な学習態度の育成状況についても把握します。

②は、「学校生活に対する意識調査」の結果から、生徒の教育内容や授業に対する満足度を分析し、数値目標である90％にどれだけ近づけているかを把握します。

③は、校長が学校経営上必要とする、先進校の学校経営や学力向上

の方策、教職員の研修方法などの情報を収集し、すぐに活用できるように整理します。

■ データをふまえて改善策を考える

分析チームは分析した結果をもとに、各教科会と連携して課題の解決策を考案し、学力向上委員会に提案します。

分析チームからの提案をふまえて、学力向上委員会は課題の改善策を立案し、職員会議で報告を行います。

学力向上のためには、テスト実施後すぐに結果を分析し、改善につなげることが重要です。学力の目標と現在のレベルとの乖離状況を徹底的に分析し、目標を達成するための方法を絶えず工夫改善していきます。

また、教科指導の改善策を考える際には、授業内容や教材だけでなく、授業形式、習熟度別指導の方法、主体的な学習態度の育成方法なども含めて再検討を行いました。

そして校長は、客観的なデータの分析結果をふまえて、先進校の取組なども参考にし、学校経営の立場から次の一手を考えます。

学習課題に対する具体的な改善策の例

■ 改善策１：基礎力診断テストの実施

学力向上のための改善策の例として、基礎知識の定着度を測る「基礎力診断テスト」の実施があげられます。

本校の開校１年め、アクティブ・ラーニング型の学習に取り組んできた成果として、生徒の思考力・判断力・表現力等の学力の伸びが高い数値を示す一方で、基礎的な知識の定着に課題があることも明らかになりました。

この原因は知識の定着を確認する機会が不十分だったことにあると考え、開校２年めからは、国語・社会・数学・理科・英語の５教科で知識・理解のみを問う「基礎力診断テスト」を新設し、定期的に年３回実施するようにしたのです。

これによって、「知識・理解」の成績が向上しただけでなく、定期テストで「知識・理解」の問題をあまり出題しなくてもよくなり、思考力・判断力・表現力を問う記述式の問題を多く出題できるようになりました。

■ 改善策２：「私の週プラン」の提出を徹底

ある時期、学年の中で一つだけ、学力の定着状況が思わしくなく、授業満足度も目標に到達しなかったクラスがありました。

授業内容も教える教師も同じで、これまで目立った学力差もなかったので、なぜそうなったのか原因がわかりませんでした。

しかし、そのクラスをさまざまに分析したところ、「私の週プラン」の提出率が他のクラスと比べてかなり低いことがわかったのです。

この分析結果をもとに担任とよく話し合い、「私の週プラン」の提出を徹底させたところ、やがて学力も授業満足度も他のクラスと同じように戻り、ほっと胸をなで下ろしました。

■ 個別指導や資料作成にもデータを活用

このようにデータの分析結果は、教科指導の改善のほか、生徒との学習面談や校長面談での提示資料、学習集会・保護者会でのスライド資料、学習だよりへの掲載、教員研修の資料など、さまざまに活用しました。

とくに次項で紹介する「中だるみ防止プラン」では、学習面談等の個別指導によってモチベーションをあげることを重視しているため、生徒の学力や学習状況を個別に把握しておくことが欠かせません。

8 「中だるみ」の発生を防ぐプラン

カリキュラム・マネジメント成功の視点

第Ⅰ期には「学力差」を防ぐプランを作成・実行しましたが、公立中高一貫校のもう一つの課題が、中学２年生以降（第Ⅱ期）の「中だるみ」です。本校ではその対策として、中学１年冬の時点から第Ⅱ期にかけての「中だるみ」を防ぐプランを作成しました。

データを活用した個別の面談や学習状況の把握に力を入れ、家庭学習の指導に重点を置きながら、生徒の主体的な学習意欲が高まるような目標と活動を設定し、実行していきました。

「中だるみ」を防止する中１冬のプラン

「中だるみ」が生じ始める前に手を打つ

第Ⅱ期（中学２年秋〜中学３年冬頃）の最大の課題は、「中だるみ」の発生です。この課題を克服するためには、第Ⅰ期の「学力差」を防ぐ取組とは別のアプローチが必要だと考えました。

そこで、「中だるみ」が生じ始める前の中学１年冬の時期に、生徒にモチベーションを与えて学習意欲を高める取組を集中的に行う、「中だるみ防止プラン」を作成しました（**資料**）。

まず、１年生の12〜１月には、データの分析結果などから生徒個々の学習への姿勢や学力状況を把握し、個別に学習面談を行います。

そして２〜３月には、把握した生徒の学習状況をふまえて、学習意欲を高める取組や個別指導を組織的に実行していきます。

資料　中だるみを防止する中１冬（12月～３月）のプラン

1年生12月～1月
個別に学習に対する姿勢や学力の状況を把握する
●入学直後に実施した新学力テストと12月の学力状況を比較する。 →教科ごとに「上昇」「現状維持」「下降」のどの状況にあるかを把握 　下降した教科は要因を分析 ●12月までの定期試験の推移を分析する。 ●授業の状況（学習意欲、理解度、課題の提出状況と完成度）を把握する。 ●家庭学習の状況を把握する。 ・学習時間…週プラン、学力推移調査から把握 ・課題の達成状況…リスニング・マラソン、読書マラソン、計算マラソン、国語・数学・英語の課題から把握 ●学習面談を行う。 ・担任…授業の状況、学習面の課題、勉強方法（どんな勉強の仕方か）を確認 わからない状況をみんなの前で表現できるようになってきたか？を確認 ・校長…入学した目的や学習に対するモチベーションを確認 各種学力試験の結果を示し、それに対する生徒の考えを聞く 「学力差」と「中だるみ」のグラフの内容を生徒によく理解させる 中学校２年９月までの学習目標等について意見交換 第１期の数値目標が必ず実現できるようにアドバイス

1年生2月～3月
集団指導・組織指導で対策を行う
●集団指導…学年集会、学級指導、学習だよりを通して実施 ●組織指導…教科指導の改善 勉強の仕方の指導 補習・発展講習の内容改善 学習相談の充実 教科担当・学級担任による個別指導の実施 各自の学習課題の明確化と学習目標の設定 ●２月から中学校２年９月まで（第Ⅰ期）の学習目標と学習計画を考えさせる。 学習課題を主体的に取り組むことができる指導方法を検討する。

■ 学力と学習状況の把握（１年生12月）

生徒個々の学力状況を把握するため、入学直後に実施した「新学力テスト」の結果と12月の学力状況を比較し、これまでの定期試験の結果の推移も分析して、学力が上昇傾向にあるのか、現状維持か、下降傾向にあるのかを分析します。

もし下降傾向にある場合は、その原因を探るため、教科ごとに分析を行います。

生徒個々の学習状況については、授業態度や課題の提出状況のほか、「私の週プラン」に記録された家庭学習の時間や、リスニングマラソン、読書マラソンの達成状況などから、学習への姿勢がどのような状態かを把握します。

■ 学習面談の実施（１年生１月）

⑴ 学級担任との学習面談

学級担任との学習面談では、生徒から授業中の状況、学習面での課題、勉強方法などを聞き取り、どのような勉強の仕方をしているかを把握します。

また、アクティブ・ラーニングに必須の授業態度である「わからない自分の姿を、みんなの前で素直に表現できるようになってきたか」を確認するようにします。

⑵ 校長との学習面談

全生徒を対象にした校長との学習面談を設定し、入学した当初の目的や、現在の学習に対するモチベーションを確認したうえで、個々の学力試験の結果や把握した学習状況を示し、それに対してどう考えているかを聞くようにします。

また、生徒に「学力差」と「中だるみ」の発生に関するグラフ（75頁・77頁参照）を見せて説明し、よく理解させたうえで、第Ⅰ期の学習目標などについて意見交換を行います。

■ 学習意欲を高める取組（１年生２～３月）

１年生の２月には、学習面談で話した内容をふまえて、生徒に各自の学習課題を明確にさせ、第Ⅰ期の学習目標と学習計画を考えさせるようにします。

同時に、学級指導・学年集会・学習だよりを通じて、第Ⅰ期の学びの重要性を繰り返し説明し、生徒の学習意欲を高める取組を組織的に行います。

また、学習相談を充実させ、とくに学力の定着が思わしくない評定が2～3の生徒には、補習や個別指導などのプログラムを設けます。

「中だるみ」を防止する第Ⅱ期の学習目標の設定

「中だるみ」の発生を防ぐため、中1冬の段階から対策を行っていきますが、第Ⅱ期としても引き続き課題の克服に取り組む必要があります。

そこで、中だるみを防ぐために第Ⅱ期としての学習目標を定め、その達成に向けた手立てを第Ⅱ期のプランとして作成し、実行していきました。

■ 家庭学習の時間を重視した学習目標の設定

第Ⅱ期に取り組む学習目標は、短期目標をふまえて以下のように設定しました。

①数年後の自分の姿をイメージする（大学受験に向けた準備を行う）
②英検準2級を取得する（中学3年生2月で75％取得）
③数検3級を取得する（中学3年生2月で100％取得）
④卒業研究の論文を作成する（中学3年生の3月に完成、国語の力もつく）
⑤家庭学習の時間管理をする（平日90分間、休日120分間）

このうち、「中だるみ」対策として最も重要なのは、⑤家庭学習時間の確保です。家庭学習の時間さえ十分に確保されていれば、生徒が部活動や委員会活動に全力で打ち込んだとしても、大きな学力低下は起きないからです。

しかし、いくら家庭学習の目標時間を設定したとしても、生徒自身にやる気が起きなければ、それが計画倒れに終わってしまう可能性があります。

そこで、やりがいのある①〜④の学習目標を設定することで、生徒の主体的な学習意欲を高めようとしたのです。

■ 目標達成により期待される成果

第Ⅱ期の目標を達成することで、以下の成果が得られることを期待しました。

⑴ 国語・数学・英語の学力が向上する

資格試験に向けた学習や卒業研究の論文作成を通して、大学入試に欠かせない国・数・英３教科の基礎力が身につくと考えました。

⑵ 英検準２級など履歴書に書ける資格が取れる

高校入試対策に時間を使う代わりに、将来に役立つ資格を取ることができるのは、大きな魅力であると考えました。

これらの期待される成果は、本校で学ぶメリットとして生徒や保護者に説明しました（後述）。

第Ⅱ期の学習目標達成の手立て

第Ⅱ期の学習目標を達成するためのプランを作成し、生徒が主体的に目標達成に向かえるように、次のような取組を計画しました。

■ 数年後の自分の姿をイメージするための取組

大学進学後に活躍する自分の姿をイメージするため、以下の活動を学級活動の「進路学習」として行います。

⑴　**「志望校宣言」の準備**

高校１年生で各生徒が行う「志望校宣言」に向けて、中学３年生でその事前学習に取り組みます。

⑵　**大学調べ**

大学でどんな勉強をするのか、卒業後にどんな仕事に就いているのかを調べます。大学名だけでなく、社会でどんな実績を出しているかという視点で探ります。

⑶　**大学訪問**

大学のオープンキャンパスなどの情報を南高校の進路部からもらい、中学３年生も休日等に積極的に参加します。参加した生徒が他の生徒に発表する機会も設けます。

■ 英検準２級・数検３級の取得に向けた取組

⑴　**検定受検の雰囲気づくり**

学年で「高校入試に代わって検定を受検しよう！　しかもメリットがある！」ことを広報し、受検の雰囲気を高めました。

たとえば、教室に各検定のポスターやチラシ、学年でつくる掲示物（「英検まであと○日」など）を掲示するなどです。

また、英検協会・数検協会の方に来校してもらい、各種検定の上級を取得することのメリットを生徒に話してもらうことで、目的の明確化を図りました。

⑵　**WEB学習プログラムの活用**

英検協会が開発したWEB学習プログラム「スタディギア for EIKEN」に積極的に取り組ませました。

⑶　**過去問を使ったテスト対策**

土曜日の学習会などで、各検定の過去問などに取り組ませ、テストに慣れさせました。どんなテストにも傾向と対策は必要です。

■ 卒業研究と家庭学習に関する取組

(1) 卒業研究の論文指導

EGGゼミで、生徒一人ひとりが「卒業論文」への取り組みについて年間の見通しを持ち、3月まで充実感をもって取り組めるように指導しました。

(2) 家庭学習指導とデータ活用

家庭学習の時間管理のために、「私の週プラン」と「レコーディング・グラフ」の取組を継続します。

さらに、「レコーディング・グラフ」と「学力カルテ」(192頁参照)を比較して家庭学習時間と成績との相関関係を明らかにし、そのデータを活用して、教育相談や個人面談などでアドバイスを行いました。

生徒と保護者に学習のメリットを伝える

大学進学を見据えた計画を立てても、生徒が他の高校への受験をめざしてしまうと、学校の授業が軽視されがちになってしまいます。

そこで、中学3年生の4月当初の学級懇談会または説明会で、生徒と保護者に第Ⅱ期の学習目標とプランについて説明しました。

生徒には、1年間の「目標」と「自分がやるべきこと」を自覚させます。そして、保護者にも、学校のよきパートナーとして家庭学習をサポートしてほしいことを理解してもらいます。

さらに、本校で1年間、検定試験の勉強や卒業研究の活動に取り組むことで得られるメリットを具体的に示し、将来につながる大切な学習であることを伝えます。

他の高校を受験するよりも、併設校である南高校に進学する方が有利であることを理解してもらい、それが結果として生徒全員に南高校に進学してもらえることにつながると考えました。

総合的な学習「EGG」のカリキュラム

1 人間関係づくりを促す「EGG体験」

EGG体験とは

EGG体験とは、「豊かなコミュニケーション能力」を育成し「円滑な人間関係づくり」を促すために、国際交流や人間関係づくりにかかわる様々な体験活動に取り組む、総合的な学習の時間のカリキュラムのひとつです。

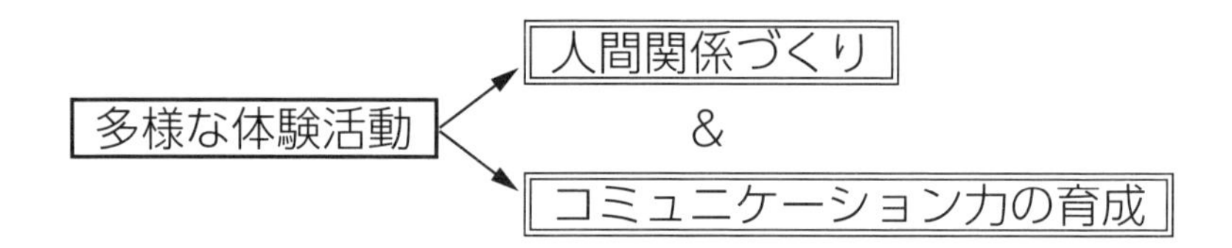

３年生の10月に実施する、ホームステイや姉妹校との交流を行う「カナダ研修旅行」を最終的な目標とし、各体験活動を通して３年間で力を培っていきます。

それぞれの体験活動が細切れにならないように、「カナダ研修旅行」というゴールを明確にし、教師も生徒もねらいをもって各活動に取り組めるようにしています。

また、生徒一人ひとりがコミュニケーションのスキルを身につけたことで、本校がめざす「安心して学べる集団づくり」にも、たいへんよい影響をもたらしました。

資料　EGG体験の３年間の流れ

⑴　１年生 ●４月　プロジェクトアドベンチャー足柄（PAA） ●４月　構成的グループエンカウンター研修 ●５月　コミュニケーション研修 ●８月　夏季英語集中研修（３日間） ●10月　国際交流体験（オーストラリアの学校からの生徒の受け入れ） ●11月　コミュニケーション研修 ●２月　構成的グループエンカウンター研修 ⑵　２年生 ●８月　夏季英語集中研修（３日間） ●10月　国際交流体験 ●10月　イングリッシュキャンプ（２泊３日） ⑶　３年生 ●８月　夏季英語集中研修（３日間） ●10月　国際交流体験 ●10月　カナダ研修旅行（４泊６日）

EGG体験の３年間の流れと活動内容

EGG体験の３年間のカリキュラムは、**資料**のような流れで実施しました。各活動の内容は、以下の通りです。

■ プロジェクトアドベンチャー足柄（PAA）【１年生】

１年生の入学直後、神奈川県南足柄市の豊かな自然の中で、ファシリテーターから出される様々な課題をグループごとに体と頭と心を使って解決していきます（株式会社アグサ（現社名）のPAA21ロープスコースというプログラムを受講）。

仲間と課題を解決していく体験を通して、生徒は「協力すること」「声を掛け合うこと」「励まし合うこと」などの大切さを自然に感じ取ることができます。

本校は様々な小学校から生徒が入学してくるので、入学当初はクラスメートの大半が初対面で話をしたことのない状態ですが、PAAの体験を境に、クラス内で多くの友だちをつくることができます。

■ 構成的グループエンカウンター研修【1年生】

学年全体でいくつかの小グループに分かれ、楽しくエクササイズに取り組み、お互いに支え合える人間関係づくりを体験します。高知大学准教授の鹿嶋真弓先生をお招きして、1年生の4月と2月に計2回行いました。

第1回めは、「プロジェクトアドベンチャー足柄」の翌週に行います。学年全体で行うので、他のクラスで初めて話をする生徒とも安心でき

る人間関係づくりができ、学年としてのよいまとまりが感じられるようになります。第２回めは、１年間の成長をお互いに感じながら、エクササイズに取り組みます。

■ コミュニケーション研修【１年生】

コミュニケーションの専門講師による講義と、全員参加の体験型の活動を通して、「ことばのキャッチボール」の意味を知ることができます。１年生の５月と11月に計２回行います。

１回めを５月に行うことで、小学校でコミュニケーションが苦手だった生徒も、中学生らしい言葉と態度を意識できるようになります。また、２回めを11月に行うことにより、生徒自身に半年間の成長を感じさせることができます。

■ 夏季英語集中研修【１～３年生】

各学年で生徒10人と外国人の英語講師１人によるグループをつくり、本校の各教室で一日共に活動します。講師と生徒は昼食も一緒で、常に英語によるコミュニケーションをとり続けます。

これを３日間続けることにより、自分が話す英語が相手に伝わる体験や、相手が話す英語を理解する体験を、生徒一人ひとりが積むことができます。

最終日には、積極的に英語を使ってコミュニケーションをとるようになり、英語でのコミュニケーションを楽しめるようになります。また、校内のホールで３日間の成果を発表します。

■ 国際交流体験【１〜３年生】

毎年、「上永谷国際交流の会」を通して、南高校および本校にオーストラリアから生徒が来校し、日本の学校生活を体験します。

「夏季英語集中研修」などで身につけた英語力を活用して、コミュニケーションを取り合い、楽しく交流します。

■ イングリッシュキャンプ【２年生】

２年生の10月に、静岡県御殿場市に２泊３日のキャンプに出かけ、生徒10人と外国人講師１人によるグループをつくって、英語のみでコミュニケーションをとりながら様々なグループ活動を行います。自然の中で楽しみながら、英語のスキルアップとコミュニケーション力の向上をめざします。

昼間は屋外で、各クラスごとにオリエンテーリング・グループワーク・クラフト体験、また学年全員で体を動かすゲームなどの活動を行います。夜はキャンドルファイヤーで英語の出し物を披露したり、グループごとにたき火を囲みマシュマロを焼いて食べたりして、楽しいひとときを過ごします。

カナダ研修旅行【３年生】

３年生の10月に、本校の姉妹校（ポイント・グレイ・セカンダリー・スクール）があるカナダのバンクーバーに、４泊６日で研修旅行に行きます。

姉妹校での授業体験のほかに、市内をグループで散策したり、ホームステイを経験したりするなど、生徒たちだけで過ごす時間も多く設けています。知らない土地で、初めて会うカナダの方々と英語でコミュニケーションをとり、生活を共にすることを体験します。

2 言語活動のスキルを向上させる「EGGゼミ」

EGGゼミとは

EGGゼミとは、「課題発見・解決能力」や「論理的思考力」を育成するために、その基礎となるスキルを身につけながら、調査・研究・発表などの多様な学習活動を行う、総合的な学習の時間のカリキュラムのひとつです。

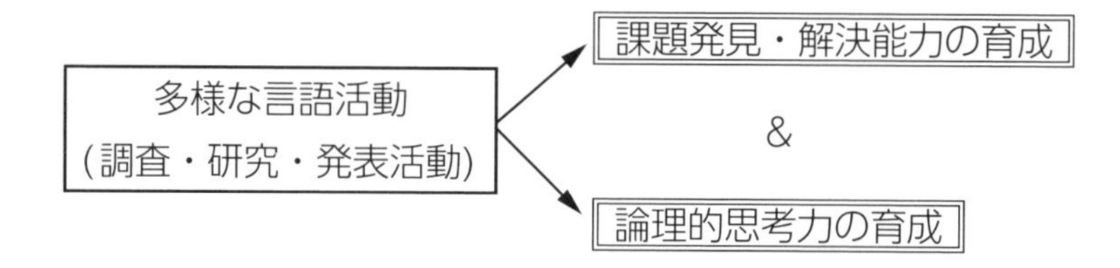

EGGゼミでは、各教科等のアクティブ・ラーニングを行ううえで重要となる言語活動にかかわる力を育成し、EGG体験やEGG講座、各教科の学習と密接に関連させることで、教科等横断的な学習を実現させています。

また、「卒業研究」という3年間のゴールを明確にし、教師も生徒も、今取り組んでいる活動がEGGゼミ全体のどのような位置づけにあるのかを意識して取り組めるようにしました。

EGGゼミで取り組む探究的な学習

2017年3月に公示された新学習指導要領では、総合的な学習の時間の目標が以下のように示されました。

⑴　探究的な学習の過程において、課題の解決に必要な知識及び技能を身に付け、課題に関わる概念を形成し、探究的な学習のよさを理解するようにする。
⑵　実社会や実生活の中から問いを見いだし、自分で課題を立て、情報を集め、整理・分析して、まとめ・表現することができるようにする。
⑶　探究的な学習に主体的・協働的に取り組むとともに、互いのよさを生かしながら、積極的に社会に参画しようとする態度を養う。

EGGゼミは、まさにこの３つの目標を達成するためのカリキュラムを編成しており、中学校３年間を通して探究的な学習が発展的に繰り返される、EGGの中核に位置する学習活動となります。

「世界を幸せにする第一歩」を３年間に共通するテーマとし、実社会や実生活に広く目を向けて課題を設定したり、次の課題につなげたりできるようにしています。

EGGゼミの３年間の流れと活動内容

基礎力養成【１年生】

調査・研究・発表のための、基礎的な知識とスキルを身につける学習を行います（**資料１**、111頁）。

１年生の前期には、「世界を幸せにする第一歩」を共通テーマに各クラスで課題を設定し、主に図書館やインターネットを利用して調査を行い、個人で新聞にまとめます。

後期には、前期の成果をもとに、グループで身近な「世界を幸せにする第一歩」を計画して実践し、個人でレポートにまとめるとともにグループでポスターセッションによる発表を行います。

ブレインストーミングの練習

新聞記者によるインタビュー講習

■ グループ研究【2年生】

1年生で育成した基礎力をもとに、1年を4期に分けて4つの探究的な学習を行います（**資料2**、112〜113頁）。

1学年は4クラス編成なので、各クラスがローテーションで「英語でのプレゼンテーション」「ホームページの作成」「芸術的な作品の制作」「ミニ論文集づくり」の4つの学習を行います。

この4つの学習を通して、生徒に多様な探究的・協働的・体験的な学習活動を経験させ、3年生で行う個人研究のためのエクササイズとしました。

■ 卒業研究【3年生】

1年間を通して、個人での卒業研究に取り組ませます（**資料3**、113頁）。

これまでに培った課題発見・解決能力や論理的思考力、様々なスキルを活用し、個人で課題を設定して多様な調査・研究活動を行い、卒業論文としてまとめ、年度末に発表会を開催します。

3年間のEGGゼミの集大成と位置づけられる学習です。

資料１　EGGゼミ：１年生「基礎力養成」の内容

１年生（前期）

探究的な学習	各学習過程での学習活動（身に付けるスキル）
・「世界を幸せにする第一歩」という共通テーマのもと、クラスごとに設定した課題に応じて調査を行い、個人で新聞にまとめる ・文化祭で展示発表する	【課題の設定】 ・ＫＪ法を用いて課題を設定する ・対象へのあこがれをもとにして課題を設定する
	【情報の収集】 ・図書館で情報を収集する ・インターネットで情報を収集する ・アンケート調査で情報を収集する ・インタビューで情報を収集する →新聞記者からインタビューの仕方を学び、実際に保護者に協力してもらい、インタビュー体験を実施
	【整理・分析】 ・テーマに応じて伝える事柄を３つに絞る ・集めた情報を５Ｗ１Ｈで整理する
	【まとめ・表現】 ・新聞でまとめ・表現する

１年生（後期）

探究的な学習	各学習過程での学習活動（身に付けるスキル）
・前期に調査し発表した内容をもとにして、実践を行う ・グループで計画・実践し、個人ではレポートにまとめ、グループではポスターセッションで発表する	【課題の設定】 ・問題を序列化して課題を設定する
	【情報の収集】 ・電話で情報を収集する ・手紙で情報を収集する ・インタビュー前にチェックリストで確認して情報を収集する
	【整理・分析】 ・図表で整理・分析する ・グラフで整理・分析する ・マップで整理・分析する ・メリットとデメリットの視点で整理・分析する
	【まとめ・表現】 ・振り返りカードでまとめ、レポート・ポスターで表現する

資料２　EGGゼミ：２年生「グループ研究」の内容

２年生

探究的な学習	各学習過程での学習活動（身に付けるスキル）
・クラスごとに、年間を通して行う４つの探究的な学習 [A] 英語でのプレゼンテーション	【課題の設定】 ・体験を対比して課題を設定する
	【情報の収集】 ・ファクシミリで情報を収集する ・電子メールで情報を収集する
	【整理・分析】 ・ベン図で整理・分析する
	【まとめ・表現】 ・プレゼンテーションでまとめ・表現する
・クラスごとに、年間を通して行う４つの探究的な学習 [B] HPの作成	【課題の設定】 ・グラフの推移を比較して課題を設定する
	【情報の収集】 ・実験・観察を通して必要な情報を収集する ・集めた情報をコンピュータフォルダに収集する
	【整理・分析】 ・ホワイトボードで整理・分析する
	【まとめ・表現】 ・HPでまとめ・表現する
・クラスごとに、年間を通して行う４つの探究的な学習 [C] 芸術的な作品の制作	【課題の設定】 ・ウェビングでイメージを広げて課題を設定する
	【情報の収集】 ・フリップボードで情報を収集する
	【整理・分析】 ・座標軸の入ったワークシートで整理・分析する
	【まとめ・表現】 ・作品を作成してまとめ・表現する ・自己評価カードを活用してまとめ・表現する

・クラスごとに、年間を通して行う４つの探究的な学習 [D] ミニ論文集作り	【課題の設定】 ・資料を比較して課題を設定する 【情報の収集】 ・ファイルに情報を収集する 【整理・分析】 ・スクラップシートで整理・分析する 【まとめ・表現】 ・ミニ論文にまとめ・表現する
・年間を通して、様々な機会を捉えて成果を発表する（文化祭・学校説明会）	・パネルディスカッションで発表する ・パンフレットでまとめ・表現する →学習の成果をパンフレットとしてまとめ、学校説明会・文化祭などで配布する

資料３　EGGゼミ：３年生「卒業研究」の内容

３年生

探究的な学習	各学習過程での学習活動（身に付けるスキル）
・卒業研究を行う ・前期で調査研究を行い、中間発表会を実施し、意見交換する ・卒業研究発表会を実施する	【課題の設定】 ・これまでの学習や身に付けたスキルを活用して個人で選択し課題を設定する 【情報の収集】 ・これまでの学習や身に付けたスキルを活用して、個人で選択し情報を収集する 【整理・分析】 ・これまでの学習や身に付けたスキルを活用して、個人で選択し整理・分析する 【まとめ・表現】 ・発表会を開催し、個人で発表する ・卒業論文を作成する

将来への興味・関心を引き出す「EGG講座」

EGG講座とは

EGG講座とは、幅広い教養と社会性を育み、将来の進路選択への興味・関心を引き出すために、様々な分野の専門家による講座の受講や、職業体験および企業訪問などの活動を行う、総合的な学習の時間のカリキュラムのひとつです。

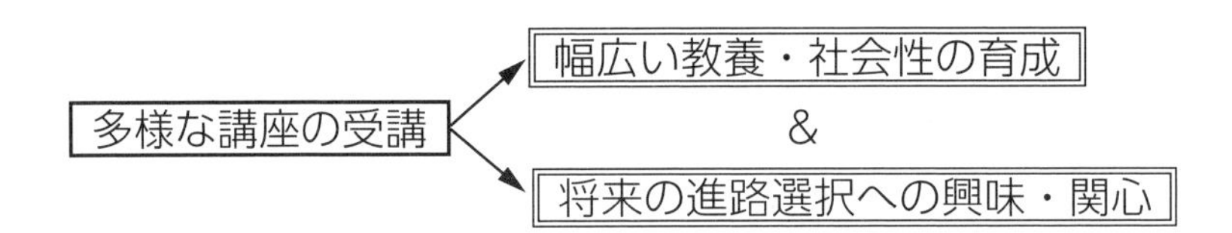

写真やビデオではない「本物」に触れる経験を通して、生徒のキャリア意識を育むことがねらいです。

学年の全員が受講する「必修講座」と、生徒が個別に選択する「選択講座」の２種類を設定しています。選択講座の内容は、講師や受入企業の都合によって毎年度少しずつ異なります。

EGG講座の活動内容（2013年度の例）

2013年度のEGG講座のカリキュラムは、在学する１年生と２年生で**資料**のように実施しました。各活動の内容は、以下の通りです。

資料　EGG講座のカリキュラム（2013年度）

（1）　**必修講座**

①消防士による防災講座

②弁護士による法教育講座

③かながわ開発教育センター開発教育講座

④横浜市大国際理解講座

⑤JAXA宇宙開発講座

（2）　**選択講座（【　】内は校外学習先）**

①JAXA相模原キャンパス講座【JAXA相模原キャンパス】

②JAXA筑波宇宙センター講座【JAXA筑波宇宙センター】

③東大海中ロボット講座

④横浜市大医学部体験【横浜市立大学医学部福浦キャンパス】

⑤ズーラシアバックヤード体験【横浜市立よこはま動物園】

⑥野毛山動物園バックヤード体験【横浜市立野毛山動物園】

⑦地下鉄・上永谷車両基地訪問【横浜市営地下鉄上永谷車両基地】

⑧富士通パソコン分解講座

⑨米国大学機構（NCN）海外留学講座

⑩日揮企業訪問【㈱日揮本社】

⑪JICA横浜国際協力講座【JICA横浜】

⑫ファイナンス・パーク（生活設計体験）【品川区立品川学園】

⑬Catch　Your　Dream（夢実現講座）

⑭ハーゲンダッツ企業訪問【ハーゲンダッツジャパン㈱本社】

⑮TBS職業体験（テレビドラマづくり講座）【TBS放送センター】

⑯TBS出張スタジオ（ニュース番組づくり講座）

⑰セキスイハイム家づくり講座【東京セキスイハイム蓮田工場】

■ 必修講座の活動内容

⑴　消防士による防災講座【１年生全員】

近隣にある港南消防署・芹が谷出張所（横浜市消防局）より消防士の方に来校してもらい、災害時の救助法に関する講義と実地訓練をしていただき、「防災意識」を高めます。

⑵　弁護士による法教育講座【２年生全員】

神奈川弁護士会の法教育を担当している弁護士の方に来校してもらい、論理的思考力を活用する法教育のワークショップを各クラスで行います。その後、弁護士の仕事について講演をしていただき、「法的なものの考え方」や「弁護士の仕事」について学びます。

⑶　かながわ開発教育センター開発教育講座【１年生全員】

開発教育・国際理解教育のワークショップの企画・運営などを行うかながわ開発教育センター（K-DEC）の皆さんに来校してもらい、開発途上国と先進国の関係をテーマにした開発教育のワークショップを各クラスで行い、「持続可能な社会」を考えます。

⑷　横浜市大国際理解講座【１年生全員】

横浜市立大学の上村雄彦教授（国際総合科学部）に来校してもらい、「世界の貧困問題を考える〜国際連帯税が切り開く未来」という演題で講演をしていただき、「グローバルな視点を持つこと」を学

びます。

⑸　JAXA宇宙開発講座【１年生全員】

JAXA（宇宙航空研究開発機構）の職員の方に来校してもらい、宇宙飛行士の生活や宇宙ステーションの話などをしていただき、「宇宙開発の現状と未来」について考えます。

選択講座の活動内容

⑴　JAXA相模原キャンパス講座【１年生10人】

JAXA相模原キャンパスの特別公開イベントに参加して、小惑星探査機「はやぶさ」の成果や宇宙実験などについて知り、展示してあるロケットの大きさを体感するなどして、「宇宙の魅力と宇宙開発」について学びます。

⑵　JAXA筑波宇宙センター講座【１年生25人】

日本の宇宙開発の中枢であるJAXA筑波宇宙センターを訪問し、展示施設「スペースドーム」で人工衛星やロケットエンジンなどを間近に見学します。さらに、宇宙開発に関する様々なお話をJAXAの

職員の方からしていただき、「宇宙開発の現状と未来」について学びます。

(3) 東大海中ロボット講座【1年生30人】

東京大学生産技術研究所の巻俊宏准教授に来校してもらい、知られざる海中ロボットの実態と、海中ロボットによる最新の海洋の観測成果についての講義を受けます。また、本校のプールで実際に遠隔操縦ロボットの実演、体験操縦を行い、「未知なる海洋の調査」について考えます。

(4) 横浜市大医学部体験【1年生30人】

横浜市立大学医学部（福浦キャンパス）を訪問し、手術のシミュレーション体験、妊婦体験、介護体験など様々な医療体験を行い、「医療従事者の仕事」について学びます。

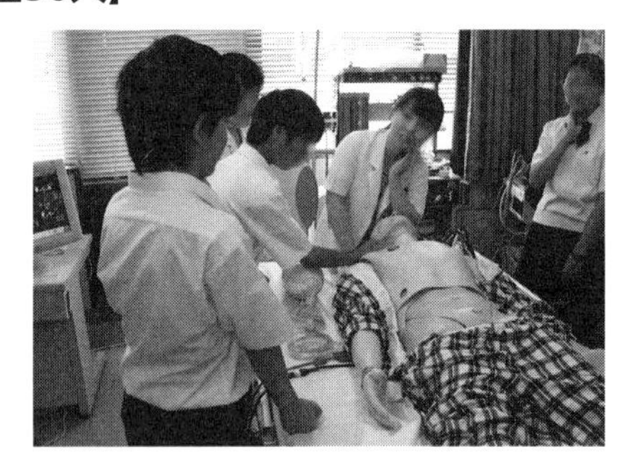

(5) ズーラシアバックヤード体験【1年生10人】

横浜市立よこはま動物園（愛称「ズーラシア」）を訪問し、実際に飼育員の方とともに獣舎の清掃などの仕事を行います。また、馬に関する勉強をし、最後に動物園でのイベントスタッフの仕事を体験して、「動物園を支える仕事」について学びます。

⑹　野毛山動物園バックヤード体験【２年生４人】

横浜市立野毛山動物園を訪問し、実際に飼育員の方とともに獣舎の清掃、動物の飼料づくり、来園者への小動物とのふれあい指導などの仕事を行い、「動物園を支える仕事」について学びます。

⑺　地下鉄・上永谷車両基地訪問【２年生22人】

横浜市営地下鉄の上永谷車両基地を訪問して、地下鉄の運行に必要な車両基地の概要や役割などに関する説明を聞き、留置線で本物の車両を見学しながら説明をうかがい、修繕工場見学室で車両検査の様子を見学して、普段は見ることができない「鉄道の運行を支える仕事」について学びます。

⑻　富士通パソコン分解講座【２年生21人】

富士通㈱の方に来校してもらい、地球環境問題と3R（リデュース・リユース・リサイクル）について説明を受けた後、パソコンを分解し、各部品が3Rにどう対応しているのかを考え、企業の取組

と自分たちができる「環境配慮活動」を考えます。

⑼　米国大学機構（NCN）海外留学講座【２年生51人】

米国大学への留学支援を行う米国大学機構（NCN）の方に来校してもらい、海外で学ぶことについてのお話をうかがい、「グローバル・ユースの立場にある横浜の生徒は将来に向けて、何を考え、どの様に行動すべきか？」というテーマでグループディスカッションや発表を行い、「海外で学ぶ」ことについて考えます。

⑽　日揮企業訪問【１年生28人、２年生９人】

世界各地で石油プラント開発などを手がける日揮㈱の横浜本社を訪れ、海外に展開する企業での仕事の様子などの説明を受け、日本人や外国人の社員の方との交流や様々な体験活動を通して、「海外で働く」ことについて考えます。

⑾ JICA横浜国際協力講座【１年生41人・２年生34人】

開発途上国への国際協力を行うJICA（国際協力機構）を訪問し、JICAが世界各地で行っている活動を知り、併設されている海外移住資料館を見学したりして、「国際協力」について考えます。

⑿ ファイナンス・パーク（生活設計体験）【１年生30人・２年生１人】

会場（品川区立品川学園）を訪問し、家計のやりくりなどの生活設計を体験学習する「ファイナンス・パーク」のプログラムを通して、楽しみながら「個人のお金に関する意思決定と進路選択」について考えます。

⒀ Catch Your Dream（夢実現講座）【２年生20人】

教室で中学生向けのキャリア教育プログラム「Catch Your Dream」を実施します。社会人の講師が各グループに１人入り、講師にあるいは生徒同士でインタビュー等をしながら、自己のアイデンティティを明確にして、夢を探り実現させる力を伸ばします。

⒁　**ハーゲンダッツ企業訪問【２年生15人】**

　東京都目黒区のハーゲンダッツジャパン㈱の本社を訪問し、「ものづくりへのこだわり」「会社にはどのような仕事があるのか」「働くことの楽しさややりがい」についてのお話をうかがい、企業の「ものづくりへのこだわり」について学びます。

⒂　**TBS職業体験（テレビドラマづくり講座）【１年生５人・２年生１人】**

「TBS夏の職業体験2013」（ドラマのお仕事コース）に参加し、東京都赤坂のTBS放送センターを訪問して、ドラマのプロデューサーやディレクターの方から企画・キャスティング・ロケなどの流れや現場での話、番組編成の仕組みなどの話を聞きます。

⒃　**TBS出張スタジオ（ニュース番組づくり講座）【１年生22人】**

　TBSテレビの出前授業として、アナウンサーやスタッフの方に講師として来校してもらい、校内に報道番組のスタジオをつくって、生徒が実際にニュース原稿を読んだりスタッフの仕事を行うなどの体験を通して、「ニュース番組づくり」について学びます。

⒄　**セキスイハイム家づくり講座【２年生30人】**

　埼玉県にある東京セキスイハイム蓮田工場を見学し、家が工場でつくられている様子やモデルルームの見学、耐震実験などを通して、現代の「家づくり」について学びます。

主要5教科と道徳の授業づくり

1 国語科の授業づくり

 南高附属中の国語科がめざすもの

本校の国語科では、生徒が仲間と共に主体的に学習に取り組み、思考・判断したことを多様な方法で表現する課題解決的な学習を通して、国語の能力を確実に身につけさせることをめざしています。

また、他教科等の学習での活用など、本校全体の言語活動の充実に資するよう、様々な種類の言語活動を経験させ、そのために必要な技能を身につけさせることを意識しています。

具体的には、次の３つの力の育成を念頭に置いて授業を実践しています。

①多様な文章や資料を読み、論理的に考える力を育てる。
②自分の考えを話したり、書いたりして、相手に発信する力を育てる。
③語句、語彙の確かな定着とともに、日常の場面で表現できる力を育てる。

 国語科の授業づくりのポイント

上記の３つの力を育成するために、次の３つをポイントにした授業を展開しています。

①実際の場を設定し、多様な発信の仕方や話し合いの形態を経験させる授業
②系統を意識して単元を構想し、教員と生徒が共有する授業

③個で考える時間と協働の学習を大切にし、ノートの整理の仕方を工夫させる授業

 実際の場で、多様な発信や話し合いを経験させる授業

■ 学習課題を実生活の場面で設定する

本校の国語科では、各単元で解決していく学習課題を設定する際、次のように学習の場が実際の場（机上ではない実生活の場面）となるように工夫しています。

- 学校説明会での学校紹介スピーチ
- １年生へのアドバイスとして、文化祭を成功させるコツを伝える文章を書く
- 県外の中学生と交流し、横浜の魅力を紹介するマップを作成する→１年生が作成したマップの下書きを２年生が読んでアドバイスする
- 学校案内パンフレットやポスターに掲載するキャッチコピーをつくる→グループごとにつくったキャッチコピーをプレゼンしたり、品評したりする

このように学習課題を実際の場で設定することで、相手・目的・場面・表現を明確にして「話す」「聞く」「書く」「読む」の活動を行えるようになり、また、生徒一人ひとりに学習への意欲や切実感をもたせることができ、言語活動の質を高めることにつながります。

■ 多様な発信や話し合いを経験させる

各教科等の学習においても活用できる力を身につけさせるため、音声言語と文字言語のそれぞれについて、様々な発信の仕方や話し合いの形態を経験させることも大切にしています。

⑴　様々な発信の仕方の例

・Show&Tellのスピーチ　・フリップを用いたスピーチ　・ポスターセッション　・プレゼンテーション　・レポート　・創作（物語やキャッチコピーなど）　・鑑賞文　・批評文　・新聞　・Q&A集

⑵　様々な話し合いの形態の例

・ペア　・司会を立てた話し合い　・ワールドカフェ　・討論（グループ間、全体）　・パネルディスカッション　・学級一斉での話し合い

プレゼンテーション

５対５の討論

ワールドカフェ

■ 様々な作品や情報に出会わせる

言語は知的活動（論理や思考）やコミュニケーション、感性・情緒の基盤であることから、言語に関する能力を高めるため、様々な作品や情報に出会わせる機会をもたせることも大切にしています。

とくに古典に関しては中高６年間を見据え、生徒が古典に親しむことができるよう、古典原文の音読・朗読、百人一首などの暗唱、他の領域の指導と関連させて様々な古典作品に触れる授業を行っています。

また、学校司書と連携して、学校図書館を活用する次のような授業を積極的に行うことで、読書指導の充実にも努めています。

・ブックトーク　・ビブリオバトル　・お気に入りの本の装丁について鑑賞文を書く　・新書本を紹介するポップをつくる　・レポートの作成

系統を意識して単元を構想し、生徒と共有する授業

単元構想表をもとに３年間の系統を意識する

３年間を通して意図的・計画的に生徒の国語の能力を高めるためには、一つひとつの授業が「○○先生の授業」ではなく、「南高附属中の授業」になることが重要だと考えています。

そこで本校の国語科では、年間指導計画に沿ってすべての単元で「単元構想表」を作成し、学習指導要領解説に示された「各学年の目標及び内容の系統表」に基づいて、各学年で身につけさせる力を明確にして単元の学習を組み立てています。

さらに国語科の教員全体で、各単元の重点的な指導事項、評価規準、評価方法、言語活動などについて共通意識をもって授業実践を進められるようにしています。

たとえば本校の国語科では、「読むこと－自分の考えの形成」という系統の指導事項として、各学年で扱う文学作品を読んで生徒による一斉の話し合いをする授業を行っています。

このとき単元構想表に基づき、１年生では「作品の共感することや疑問に思うことについて話し合って考えを広げる」、２年生では「知識や経験と関連づけて読んで考えを深める」のように、「読むこと」という系統を意識して指導する事柄を明確にしたうえで、それぞれの単元をつくっています。

単元の目標や進め方を生徒と共有する

また、毎時間の授業では、単元構想表に基づく「目指す姿（目標）」「学習の手順（単元全体の流れ）」「学習の課題」などを、板書・プリント・スライドなどの方法で各教員が生徒に示しています、

単元構想表の内容を教員だけでなく生徒とも共有することで、生徒

資料1　単元の目標・進め方を示すスライド例

<table><tr><td>

話し合いを通して、
「走れメロス」を読み深める

〈目指す姿〉
◎知識や経験と関連付けて作品を読んで、文章に表れているものの見方や考え方について自分の考えを深める。
○場面の描写や登場人物の言動の意味を考えながら文章を読む。

〈言語活動〉
☆「走れメロス」を読み深めるために、クラス一斉の話し合いをする。

【学習の手順】
STEP1　登場人物の心情を表す語句に注意しながら「走れメロス」を読む。
STEP2　登場人物の言動に着目して読み、メロスとの関係を整理する。
STEP3　「メロスを最後まで走らせたのはだれか」についての自分の考えをもつ。
STEP4　クラス全体で話し合う。
STEP5　自分の考えをまとめる。

</td></tr></table>

一人ひとりが常に単元の目標や進め方を理解し、見通しをもって学習できるようにしています。

たとえば、**資料1**のスライドを提示した授業では、1年生の一斉の話し合いでの場面で、目指す姿をふまえて「今回の話し合いの目的はものの見方や考え方を広くすることなので、他人の意見を否定する発言は向かないのでは」という意見が出されました。これをきっかけに、学級全体がお互いの発言を受け止めるようになり、発言の意図や根拠を意識するようになりました。

また、2年生の一斉の話し合いを始める際には、目指す姿をふまえて「メロスの心情と自分の知識や経験を重ね合わせて考え、発言していくことが大切」という意見が出され、自己の経験や現実の社会の出

来事などを取りあげながら作品について考えていくことができました。

このように、生徒に単元の目標を提示することで、課題解決的な学習において、自分（たち）の行っていることが目指す姿（目標）に向かうものかを常に念頭に置いて、自己や集団の学習を管理し効果を最適化するように改善していく、いわば「自己（集団）の学習をマネジメントする」姿が、学年が上がるごとに様々な学習の場面で見られるようになりました。

 個と協働を大切にし、ノート整理を工夫させる授業

■ 個→集団→個の学習サイクルを意識する

単元の学習においては、解決する課題を設定し、ペア・グループ・学級全体という協働での学習活動を重視しています。

ただし、協働での学習活動の質を高めるためには、個の学習を充実させることが重要です。また、「話す」「聞く」「書く」「読む」ことは、他者とのかかわりのなかで磨かれますが、能力としては個人個人のものです。

そのため、１単元・１時間の中で、「個の学習から始まり、集団での学習を通して、個に戻る」という学習のサイクルを意識しています。

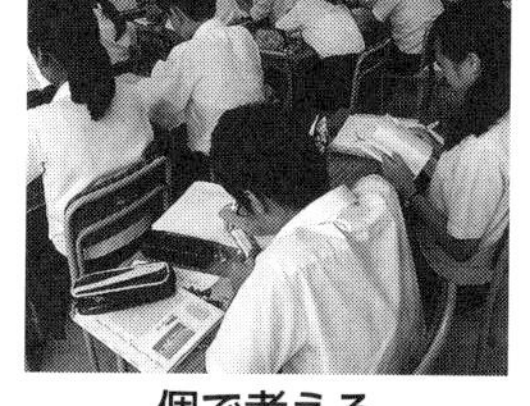
個で考える

ペアで課題解決

グループで考える

学級一斉で討議

まず自己の考えを明確にして、次に他者と交流し、最後は自己の対象への認識や変容を確認することで、学習の成果を自覚できるように学習活動を組み立てています。

■ ノートの整理の仕方を教えて工夫させる

生徒が自己の学習を効果的なものにしたり、教師が生徒一人ひとりの課題解決や思考の道筋を把握するため、ノートの整理の仕方を工夫させるようにしています。

１学年では教師が意図的に、単元の学習内容に沿って、「４面に分けて整理する」「人物相関図で整理する」「時系列で整理する」など、思考ツール等を活用した多様なノートの整理の仕方を指導しています。

さらに１年生の終わり頃からは、自分なりのアレンジを加えたり、これまでに学習した整理法から選ばせたりするなど、各自で学習のスタイルを選択できるようにしています。

資料２は、１年生の２月に実践した芥川龍之介の４つの作品（「蜘蛛の糸」「杜子春」「トロッコ」「鼻」）を読み比べて話し合いを行った際の、４分類法で整理した生徒のノートです。

この生徒は、話し合いで出された考えを箇条書きで書き出したり、矢印などの記号を使ってそれぞれの関係を示したりして、作品に対する様々な見方を整理したうえで、最終的な自分の考えを簡潔な言葉で付箋に書いてノートにまとめとして貼っています。

この授業の目標は、「話し合いを通して、文章に表れたものの見方や考え方について自分の考えを広げる力を身につけさせる」ですが、この生徒のノートからは、一目見て自分の考えが広がっていることがわかります。

このような学習を通して、生徒は各自で工夫してノートを整理できるようになり、２年生の３月に実施した「走れメロス」の授業では、様々な方法で自分の考えを整理しています。

資料2　4分類法で整理した生徒のノート

国語科の成果と課題

全国学力・学習状況調査を初めとする各種の学力調査や生徒のアンケートからは、本校中の国語科の取り組みが生徒の学力として定着していること、生徒自身もそれらをおおむね実感していることが確認されました。

とくに、3年間かけて様々な場面で発表や話し合いの経験を積ませていることは、生徒自身が自らの学習とその成果に自信をもち、国語の能力を高めるうえで効果的でした。様々なテキストから必要な情報を読み取る読解力や説明・論述の力についても同様でした。

一方で、それらについてまだまだ十分に自信をもてない生徒がいることも事実です。これまでの取り組みを様々な方法で検証し、カリキュラムを改善するPDCAのサイクルを充実させることが今後の課題です。

2 社会科の授業づくり

南高附属中の社会科がめざすもの

本校の社会科では、「習得した知識を使って思考・判断したことを表現する力の育成」をめざし、とくに記述に力を入れた「記述する社会科」をスローガンとして授業を実践しています。

その実現に向けて、「3年間でレポートを作成できる力」を育成するためのエクササイズと「表現につながる読解力」を育成するためのアクティビティを教科会として開発して共有し、毎年ブラッシュアップして取り組んでいます。

社会科の授業づくりの考え方

各観点のとらえ方

資料1は、本校の社会科における各観点のとらえ方を示したものです。

生徒は社会的事象に関する「知識・理解」と「技能」を入力（インプット）し、頭の中で社会的な「思考・判断」をして、その経過と結果を出力（アウトプット）することが「表現」であり、それらの基盤に「関心・意欲・態度」が必要である、ととらえています。

育成したい力と取り組ませる活動

本校の社会科では、「習得した知識を使って思考・判断したことを

資料1　社会科における各観点のとらえ方

表現する力の育成」をめざしています。

そこで、生徒に表現活動に取り組ませて、その内容を発表し評価活動（相互評価・自己評価）を行うことで、「思考力・判断力・表現力」の育成を図ります。

また、「PISA型読解力」の考え方をふまえて、表現（アウトプット）するためには、知識等を入力（インプット）して思考・判断するための「読解力」が必要であると考えました。

そこで、他の生徒の発表内容を適切に読み取る相互評価などの読解活動に取り組ませることで、「読解力」の育成を図ります。

■ レポートの作成を中心とした表現・読解活動

社会科における表現活動には、レポート作成、新聞づくり、プレゼンテーションなど様々なものが考えられます。

本校の社会科では、３学年のEGGゼミで卒業論文を書く力や、南高校で小論文を書く力が必要になることを考慮して、文章記述と図表等で構成される「レポート」の作成という表現活動と、その読解活動を中心にして学習を展開していくのがふさわしいと考えました。

 「３年間でレポートを作成できる力」を育成する授業

■ レポート作成上の指導のポイント

レポート作成上の主な指導のポイントは、次の４点としました。

● 自分で取り組む課題を設定させる。
……自分にも他人にも魅力ある課題を設定させる。

● レポートの構成を考えさせる。
……「過程」と「結果」を明確にさせる。

● テーマや見出し語を工夫させる。

● なるべく多くのレポートを作成し、他者からの評価を受けるようにさせる。

これらの指導を段階的に実施して「３年間でレポートを作成できる力」を育成するために、３年間の社会科の指導計画の中に５種類のエクササイズを設定し、実施しています。

■ 魅力ある課題を設定する力を育てるエクササイズ

１つめは、魅力ある課題を設定する力を育てるエクササイズです。

単元の中で、「なぜ、○○は△△なのか？」（地理的分野)、「どのようにして、○○は△△したのか？」（歴史的分野）のように、自分だけでなく受け手も興味を引かれるような課題をできるだけ多く考えさせます。

たとえば、授業の最後や単元の最後に、今回の学習を貫く課題をなるべく多く書き出させます。

■ 構成を考える力を育てるエクササイズ

２つめは、構成を考える力を育てるエクササイズです。

(1)　**ワークシートへの記述**

１時間の授業の中で、教科書１時間分の内容をいくつかの単文で示したワークシートを用意し、それぞれの関係性や過程と結果がわかるように矢印（→）などでつないで構造化させます。

学習の初期には、一部を空欄にして生徒にあてはまる単文を書き込ませます。学習の中期には構造を複雑にして空欄を増やし、学習の後期には、ほとんどを空欄にした白紙に近いワークシートに構造を考えならがら単文を書き込ませていきます。

資料２　単元の最後に構造図を作成する（２・３年生）

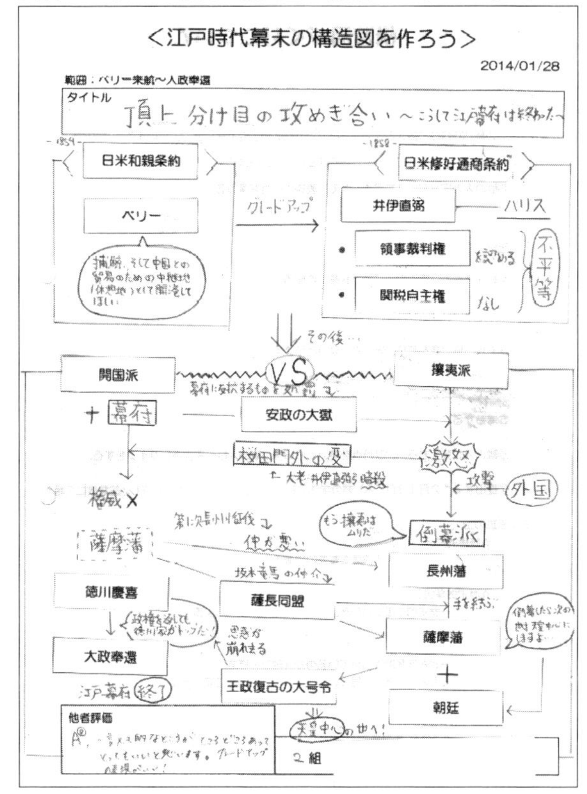

⑵　単元の構造図の作成

単元の最後には、「この単元の学習をレポートで書くならばどのような構成にするか」を考えて、その構造図をA4用紙１枚にまとめます（**資料２**）。

生徒の表現力を向上させるため、構造図を作成して終わりではなく、ペア・グループ・クラス全体で以下のように相互評価を行います。

①記述した構造図を見せ合い、コメントを書き合う（赤ペンで書く、

資料３　単元の最後にタイトル・見出しをまとめる（１年生）

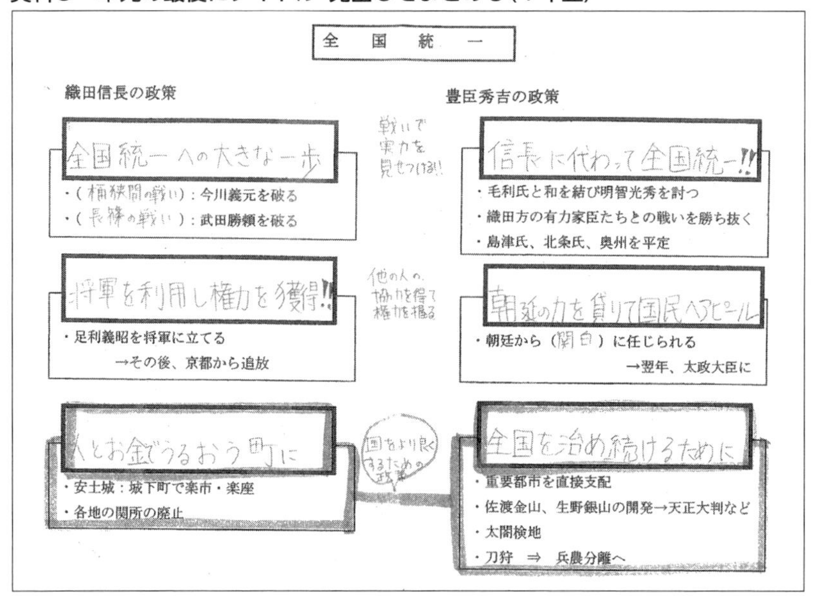

付箋で貼るなど）。

②よいと感じる作品にシールを貼る。

再度記述しなおすことで、表現力の向上を図ります。相互評価はお互いのレポートの読解活動も兼ねており、読解力の育成も図っています。

作成した構成図は単元の学習のまとめであり、自分なりの要点整理となります。各自でポートフォリオのようにファイルに保管しておき、自己評価の際に用います。

■ タイトルや見出し語を工夫するエクササイズ

３つめは、タイトルや見出し語を工夫するエクササイズです。

毎時間、教科書のタイトルや見出し語を超えるオリジナルなタイトルや見出し語を生徒に考えさせて、表現力を高めます（**資料３**）。

クラス内でよいタイトルや見出し語を発表し、自分の考えたものと

資料4　授業の最後に「まとめ」を記述する

日本の選挙はどのようなしくみで成り立っているか、前回の学習課題を踏まえて、８０～１００字でまとめなさい。前回のワークシートを見ても構いませんが、前回のふり返りで書いた自分の文章を丸写ししないこと。

日本の選挙制度には大選挙区、小選挙区制や比例代表制があり、それを使いわけたり組み合わせたりすることで、国民の声が政治に平等に届くように、工夫されている。

参政権のことを書いていてGood

比較させて、読解力や評価力を高めます。

■ まとめる力を育てるエクササイズ

４つめは、まとめる力を育てるエクササイズです。

各授業の最後に、学習課題に沿ったまとめを記述します（**資料４**）。

各学年でまとめる条件を変えることにより、３年間をかけて計画的に記述する力を育成しています。

- １年生……授業のまとめを文章で表現する。
- ２年生……授業のまとめを指定された分量でまとめ、自分の考えを書き足す。
- ３年生……学習課題に対する自分の考えを、指定された分量の文章で表現する。

■ レポートを作成する力を育てるエクササイズ

５つめは、レポートを作成する力を育てるエクササイズです。

３年生では、これまでに身につけた表現力を活用し、以下の点に留意して、数種類の小レポート（A4用紙２～４枚程度）を作成させます。

- レポートを読んでもらう対象を明確にする。
- レポートの様式や条件を定め、文章の他に図表や地図なども入れる。
- レポートは必ず他者からの評価を受け、自己評価も行い、改善させる。

このエクササイズで実際にレポートを作成する力を育てて、最終的にはEGGゼミの「卒業研究」の論文作成につなげます。
また、1・2年生ではレポート作成に関心をもたせるために、夏休みの自由課題として、自主的にレポートを作成し提出させています。表現力の優れたレポートは、今後の見本として授業で活用したり、市の総合文化祭の社会科作品展に出品したりします。

 「表現につながる読解力」を育成する授業

表現（アウトプット）するために必要となる、知識等を入力（インプット）して思考・判断するための「読解力」を向上させるために、３年間の社会科の指導計画の中に様々なアクティビティを設定し、実施しています。ここではその一例を紹介します。

■ ワールドカフェ

与えられたテーマに対し、グループで自由に意見を述べ合い、グループの中心に置いた模造紙にメモを書き込みます。
その後、他のグループに移動して、模造紙に書かれたメモを見ながら再度話を続けます。様々なアイデアを出すことに向いています。

■ マイクロディベート

３人１組になってディベートを行います。３人とも「賛成」「反対」「審判」のすべての立場を経験することで、他者の立場になって考える能力を身につけることができます。
また、ディベートで自分の意見が通るようテーマについて詳しく調べることで、知識が深まります。

■ ダイアモンドランキング

授業のテーマに関する９個のイベントに優先順位をつけて、ワーク

資料5　ダイヤモンドランキングで優先順位を考える

3．戦後の改革の特徴は！？

終戦直後の日本の諸改革（表面　2．（1）ア〜クｉ・ⅱ）の９つの中で、あなたが当時の日本の人々が歓迎したと考えられるものをダイアモンドランキングしてみましょう。

【活動の手順】

①個人でダイアモンドランキングを作成し、ワークシートに記入する…１０分

②個人で作ったものをもとに班でダイアモンドランキングを作成し、ホワイトボードに記入する…１０分

③２つか３つの班に、ランキング作成の話し合いをしていて気づいたことを発表してもらいます。

④この活動を行っての振り返りをワークシートに記入する。

（1）ダイアモンドランキングの作成（個人）

クⅱ 農地改革

オ労働者の保護　キ圧政的諸制度の撤廃

エ 婦人参政権の保障　クi 財閥解体　イ極東軍事裁判

カ教育の自由主義化　ウ 戦争軍人、軍国主義者を公職追放

ア軍隊の解散

シートにダイアモンドランキングの形で記入していきます（**資料5**）。

ランキングを考える際に、その根拠を教科書・資料集などを使って調べることで、知識をより深くすることにつながります。

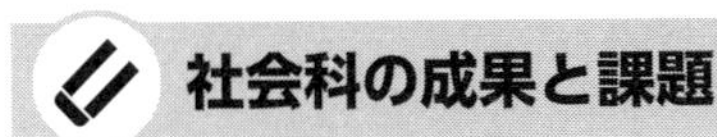

社会科の成果と課題

「記述する社会科」というスローガンのもと、これらの「エクササイズ」と「アクティビティ」に取り組み、確実に生徒の思考力・判断力・表現力は向上しています。

本校の１期生が南高校に進学した年の夏休みに、世界史の特別授業をした南高校の校長から「１期生は、よく文章が書ける」との言葉をもらうことができました。この一言が、まさに本校の社会科の取組の成果です。

一方で、地理の地名や位置、歴史の年代や人名、公民の仕組みや名称など、基本的な知識の定着と深い理解はもっと必要です。そのためには、授業の工夫や反復練習の実施なども検討していく必要があると考えます。

3 数学科の授業づくり

南高附属中の数学科がめざすもの

本校の数学科では、次の３点の実現をめざして、言語活動の充実に取り組んできました。

①習得した知識を活用し、各自で推論・熟考する経験を積ませる。

②自分の考え方を説明する力、相手の考えを聞く力を伸ばす機会を与える。

③問題点を見つけ、その問題を解決し、お互いの思考を高め合う力を育成する。

この３点の実現に向けて、教科会で統一した指導方針を掲げて「生徒が相互に学びあう活動」を取り入れた授業づくりを行い、また生徒の学力向上のために「数学科としての様々な取組」を行っています。

言語活動の充実に向けた３つの活動

本校では、数学科としての言語活動の充実を図るため、

①式を読む活動

②グラフに表す・グラフを読む活動

③数直線などの図を用いて演算決定の根拠を説明する活動

の３つの活動に着目しています。

１つめの「式を読む」活動では、「様々な場面や現象を式などにして表すことができる」「文章で書かれた内容を適切に式にすることが

できる」の２点を目標としています。

２つめの「グラフに表す・グラフを読む」活動では、「身の回りのことを、様々な形のグラフにすることで、適切に情報を視覚化することができる」「目的に応じて資料を収集整理し、その資料の傾向を読み取り、考察したことを根拠を明らかにして具体的に説明することができる」の２点を目標としています。

３つめの「数直線などの図を用いて演算決定の根拠を説明する」活動は、この活動自体が言語活動であり、目標でもあります。

教員が心がけているポイント

これらの活動を展開するうえで、数学科の教員が授業でとくに心がけていることは、次の６点です。

①生徒に自分の考え方を発表させる。（話すこと）
②他の生徒の発表を全員の生徒が聞くように指導する。（聞くこと）
③生徒に疑問があればその生徒に質問させ、生徒のなかで疑問点を解決させていく。（聞くこと・話すこと）
④途中式を必ず書かせる。（読むこと・書くこと）
⑤生徒の理解が不足していた場合や深く考えさせたいときは、ペアやグループでお互いに説明をし、理解や思考を深めていく。（話すこと・聞くこと）
⑥生徒に考え方と解答を板書させ、その考え方を読み取ること。（読むこと）

このとき、これら６点を重視した授業を行うためには、１時間の授業の中に、「生徒が相互に学びあう活動」を適切に取り入れることが重要であることがわかりました。

「生徒が相互に学びあう活動」の実際

■「生徒が相互に学びあう活動」の学習内容

1時間の授業の中で「生徒が相互に学びあう活動」として、次のような学習活動を行っています。

⑴ 問題やグラフ・図形に表されている内容を理解させる

教員が指導をするときは、説明するだけではなく、なぜこのような考え方をするのかを生徒に問いかけて、各自の考えを他人にも伝わるように述べさせます。

⑵ 問題やグラフ・図形が表している内容を、式に表したりポイントを抜き出したりさせる

式を立てて、問題を解かせます。ただし、応用問題をいきなり解くのは困難なので、その問題文のわかるところから1つずつ順番に考えて、式や図に表すようにさせます。そして、次への解決案を見つけさせ、表現させます。

⑶ 問題が表している内容や解き方を書き、説明させる

答えを導くまでの考え方を生徒に説明させ、生徒同士の質疑応答につなげます。

また、答えを導くまでの考え方は一通りではないことを生徒に意識させ、他人の考え方も柔軟に受け入れられる力を身につけさせることも心がけています。

■「生徒が相互に学びあう活動」の実施手順

1時間の授業の中で、「生徒が相互に学びあう活動」を、次のような手順・形態で行っています。

⑴ 一人学び

周りと相談せずに、一人で考えをまとめます。この活動自体は学び

グループで説明し合い理解を深める

合っていませんが、「生徒が相互に学びあう活動」の前には、必ず入れなければなりません。

そうしないと、理解している生徒の発表を一方的に聞くだけの生徒が出てきてしまうからです。形のうえでは話し合い、学び合っているように見えますが、そのような一方通行の学習では、説明する力や聞く力などのめざす力が身につきません。

⑵　ペア

隣同士で意見を交換し、学びを深めます。

⑶　小グループ

３〜４人で説明し合い、意見を交換して理解を深めます。

⑷　中グループ

10人（２人×５組が座っている一列）ごとに、１人が自分の考え方を説明します。数学的言語を使用して言葉のみで理解してもらえるよう、伝え方を工夫して説明します。

⑸　クラス全体

黒板を使ってクラス全員に説明する

自分の考え方を黒板を使って、クラス全員に向けて説明します。黒板を使って式や図を示し、視覚的にも理解できるように説明します。

■ 学びあいの活動を行うための指導

「生徒が相互に学びあう活動」を行うため、生徒に次のような指導を行っています。

⑴ ノートの指導

- ノートを**資料1**のように3つに区切る。授業中に黒板に書かれたことはノートの左側へ書く。先生が話したことや自分で考えたこと・感じたことはノートの右側へ書く。授業の振り返りや復習事項は下のスペースへ書く。
- ノートに自分の考えを、誰が見てもわかるように書く。
- 復習するときにわかりやすい、見やすいノートを心がける。

⑵ 発表の指導

- 自分の答えや考え方を発表するときは、誰にでもわかるように説明

資料1　ノートのレイアウトの例

<table>
<tr><td>○／△　<u>単元名</u>
《板書をうつす》

《教科書の練習問題などを書く》</td><td>《授業のポイント》
《解き方のポイント》

《先生が話したこと》

など</td></tr>
<tr><td colspan="2">《授業の復習を書く》
・問題を解く　・ポイントをまとめる　・わかったこと、気づいたこと　など</td></tr>
</table>

する。

- 説明が終わったら、間違っているところはないか、質問はないか、他の考え方はないかを他の人に確認する。

⑶　発表を聞く指導

- 説明を聞くときは、相手が伝えたいことを理解するように聞く。
- 人の説明で間違っているところや自分の考えと違うところは、そのままにしておかず、自分の考えを発言し、発言者や全体へ伝える。

⑷　話し合いの指導

- 生徒同士で意見を交換し合うことが、一人ひとりの理解や思考を深めることにつながることを意識する。

学力向上に向けた「数学科の様々な取組」

■ 副教材の活用

- 副教材として、中高一貫教育校用のテキストを使用します。

資料２　「数学自己評価カード」の記入例

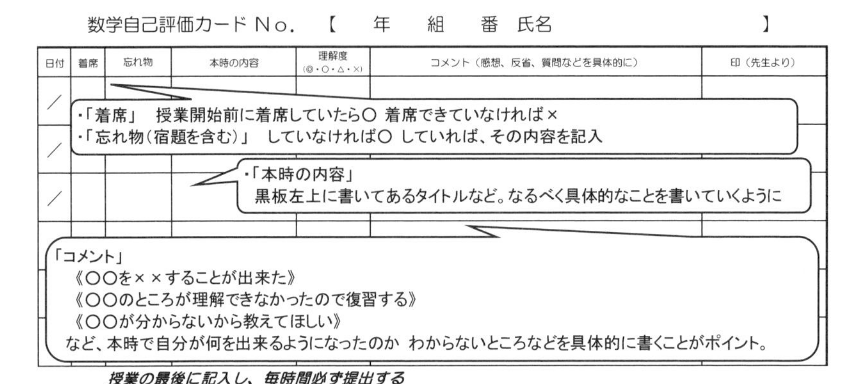

数学自己評価カードＮｏ．【　年　組　番　氏名　】

日付	着席	忘れ物	本時の内容	理解度（◎・○・△・×）	コメント（感想、反省、質問などを具体的に）	印（先生より）
／						
／						
／						

・「着席」　授業開始前に着席していたら○　着席できていなければ×
・「忘れ物（宿題を含む）」　していなければ○　していれば、その内容を記入

・「本時の内容」
黒板左上に書いてあるタイトルなど。なるべく具体的なことを書いていくように

「コメント」
《○○を××することが出来た》
《○○のところが理解できなかったので復習する》
《○○が分からないから教えてほしい》
など、本時で自分が何を出来るようになったのか　わからないところなどを具体的に書くことがポイント。

授業の最後に記入し、毎時間必ず提出する

●学習した内容を定着させるために、宿題として毎回「問題集」から問題を出し、定期的に提出させます。
●「計算練習」の問題集を反復練習させる「計算マラソン」を実施し、月１回提出させます。計算方法の確認をすると同時に、計算スピードを速めることがねらいです。

■ 授業後の振り返り学習の指導

●毎日、授業終了後に、自分の言葉で授業内容の振り返りをすぐ行うように指導します。
●授業で扱った問題の中で、「間違えたもの」「わからなかったもの」「答えは合っていたが解き方が違っていたもの」「わかったけど難しかったもの」をもう一度解くように指導します。
●基礎の計算問題で苦手なところは、計算ノートに繰り返しやるように指導します。
●授業の最後に「数学自己評価カード」（**資料２**）を記入し、毎時間必ず提出するように指導します。

■ 授業形態の工夫

- 1・2年生は2クラスを3グループに分けて、少人数での授業を実施します（習熟度別の授業は行いません）。
- 3年生は1クラスに2名（中学教員と高校教員）のティームティーチングで授業を行います。

数学科の成果と課題

成果としては、学びあいの活動を一人学びからペア、小グループ、中グループ、クラス全体とスケールを変えながら数多く実施することで、生徒の理解が深まりました。

また、このような活動を繰り返し行うことで、一人ひとりの生徒が自分の考えを相手に理解してもらえるように、工夫して伝えられるようになり、表現力が確実に向上してきています。

課題は、このような学びあい活動はどうしても時間がかかってしまい、多くの時間を割きすぎると授業の進度に遅れが出てしまうことです。メリハリをつけた授業構成や単元構成を心がけていく必要があります。

4 理科の授業づくり

南高附属中の理科がめざすもの

本校の理科では、「主体的に学び、科学的に考え表現できる生徒の育成」を教科の目標として、様々な形態のアクティブ・ラーニング型授業を実践しています。

「なぜ？」を自ら解決する力を育てるため、「主体的な学びを引き出すこと」と「科学的な思考力・表現力を向上させること」の２つを重視して実践に取り組んでいます。

理科の授業づくりのポイント

主体的な学びを引き出す

生徒の理科に対する主体的な学びを引き出すためには、自然の事物・現象に対する関心を高め、「理科が楽しい」という気持ちをもたせることが重要です。

そのため、積極的に観察や実験を取り入れ、「体験を通した学び」を主軸とした授業を実践しています。

また、「今までできなかったことができるようになった」という喜びや満足感は、生徒の主体的な学びを引き出す大きなきっかけとなります。

そのため、実験器具の操作や観察のスケッチといった基本的な技能の習得に際し、「段階的に指導すること」と「全員が取り組むこと」を重視した授業を実践しています。

■ 科学的な思考力・表現力を向上させる

⑴　思考の広がりを意識した授業展開

理科では、実験を行い、得られた結果からどのようなことが言えるかを考え、結論を導くという過程において、論理的な思考力や科学的な見方が養われます。

大切なことは、自分なりに考えて、自分の言葉で表現することです。そして、自分なりに導いた結論をグループや学級で発表し、互いに共有することで、新たな気づきや発見が生まれ、さらなる思考力の向上へとつながっていきます。

本校の理科では、こういった思考の広がりを意識した授業展開が重要だと考えています。

⑵　単元全体を振り返り自分でまとめる活動

また、単元の終わりには、学習を振り返り、自分でまとめる活動を行っています。この活動の主なねらいは、次の２つです。

①単元全体を振り返り再構成する過程を通して、断片的な知識を統合し、体系的な理解を促すこと。

②レポートにまとめたり、友だちに説明したりする活動を通して、科学的に考え表現する力を養うこと。

こうした活動を繰り返し行った結果、生徒自身が「自分でまとめる」ことの有用性を再認識し、板書を自分なりに工夫してまとめたり、図式化してわかりやすくまとめたりするなど、よい相乗効果を生んでいます。

主体的な学びを引き出す授業

■ 体験を通して学ぶ授業の実践例

⑴ 活動を取り入れた授業

音の速さを実感する

刺激が伝わる速さを実感する

１年生の「光と音」の単元では、音の速さを実感するために、校庭に一列に並んでピストルの音が聞こえた瞬間に手を挙げる活動を行いました。

また、２年生の「動物の体のつくりとはたらき」の単元では、神経を刺激が伝わる速さを確かめるために、クラス全員で手をつないで刺激を伝える活動を行いました。

どちらも目には見えない音や刺激といったものを、目に見える形で「体験した」ことによって、実感を伴った理解が得られ、生徒の関心を高めることにつながりました。

⑵ ホンモノにふれる授業

生物や地学の分野においては、「ホンモノにふれる」体験が生徒の関心を高めるのに効果的です。

２年生の「動物の分類」の単元では、スルメイカの解剖実習を行い、生物の体のつくりやはたらきについて学習しました。

また、３年生の「自然と環境」の単元では、学校の近くの雑木林で土壌を採集し、土の中にすむ生物を観察しました。

他にも、校庭の土に含まれる鉱物を観察したり、気象観測を行ったりすることで、学習した内容をより身近なものとして実感させることができました。

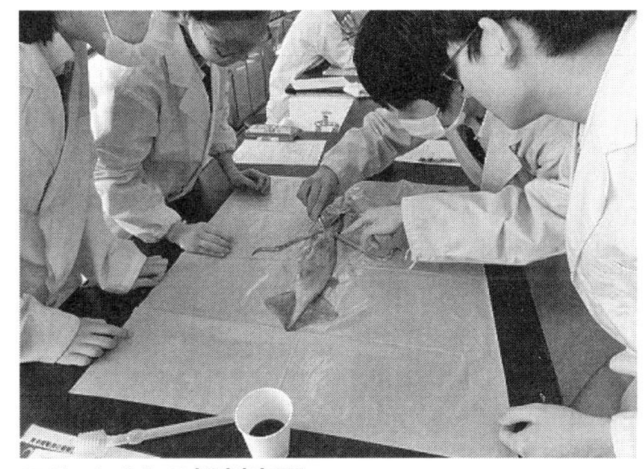

スルメイカの解剖実習

土の中にすむ生物の観察

⑶　ものづくりを通して学ぶ授業

五感を働かせる「ものづくり」の活動は、実感を伴った理解を促す手法として効果的であり、日常生活や社会との関連を図るためにも有効です。

１年生の「力と圧力」の単元では、決められた材料と条件のもと、グループで協働し、できる限り重さに耐えられる構造物（ペーパーブリッジ）を考えて製作するという課題解決型の活動を行いました。

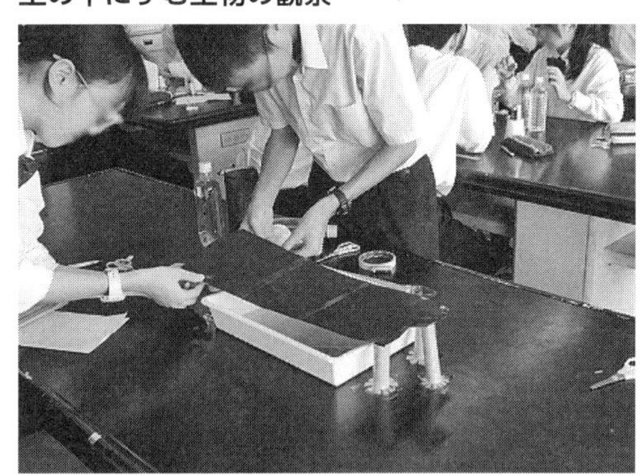

ペーパーブリッジの製作

また、２年生の「天気の変化」の単元では、天気図の等圧線から気圧の立体構造をイメージすることができるよう、立体天気図の模型を

1人1つずつ製作しました。

有能感を高める授業の実践例

(1) 段階的に指導する授業

1年生の「植物の体のつくりとはたらき」の単元では、校庭で採集した野草を詳しく観察し、スケッチをして観察レポートを作成します。

その前段階として、手本となるスケッチをいくつか提示し、模写させる活動を行いました。これによりスケッチの技能が向上し、生徒の有能感を高めることができました。

同じく1年生の「身のまわりの物質」の単元では、ガスバーナーの操作方法やマッチの安全な持ち方などを指導し、1人ずつ技能テストを行いました。

結果として、全員が

立体天気図の模型

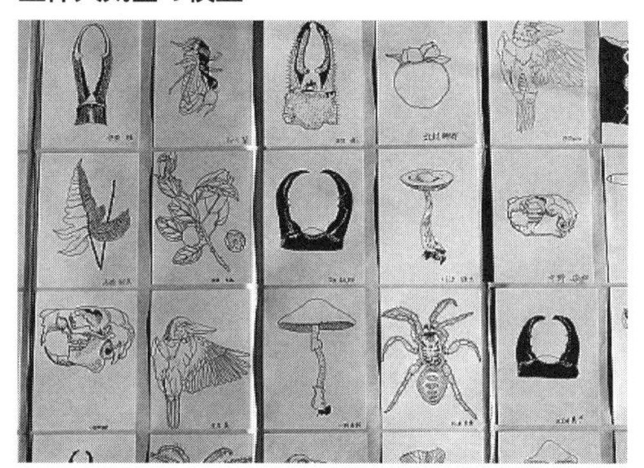

手本を模写してスケッチ技能を高める

ガスバーナーの技能テスト

ガスバーナーの正しい操作方法を習得し、自信をもってその後の化学実験に取り組むことができました。

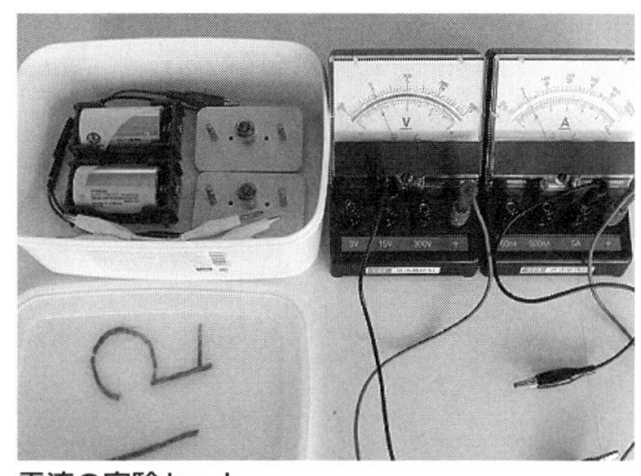

電流の実験セット

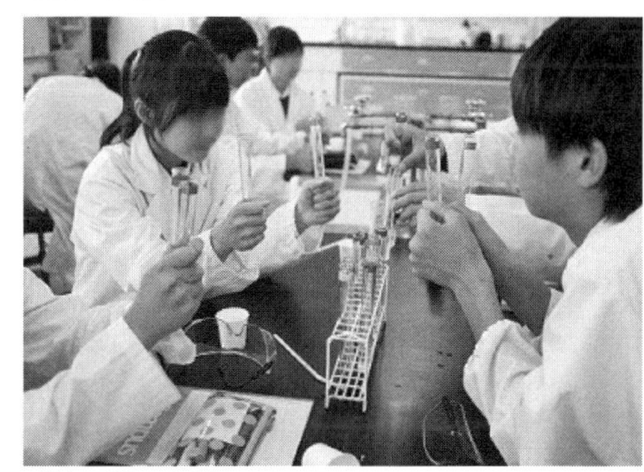
だ液の働きを調べる

⑵ 一人ひとりが実験に取り組む授業

グループで行う実験では、技能が優れている生徒に役割が集中し、一部の生徒は「ただ見ているだけ」という状況になってしまうことがあります。そうした状況を防ぐためにも、「一人で行う実験」を積極的に取り入れています。

２年生の「電流」の単元では、電池・豆電球・リード線・電流計・電圧計を１セットとして１人に１セットずつ配付し、単元で行うほとんどの実験を個人で取り組ませました。

また、２年生の「動物の体のつくりとはたらき」の単元において、だ液のはたらきを調べる実験を行う際にも、生徒人数分の実験セットを準備し、全員が自分のだ液のはたらきを調べました。

一人ひとりが実験に取り組む授業の実践は、費用や労力などを勘案すると困難なこともありますが、生徒の主体的な学びを引き出す手立てとして大変効果的です。

 科学的思考力・表現力を向上させる授業

■ 思考の広がりを意識した授業展開

実験の考察を行う際に、「一人で考える時間」を十分に確保し、その考えをノートやフリップに自分なりの表現の仕方で自由にまとめさせたうえで、グループで交流したり、学級全体で考えたりする時間を設けています。

1人で考える

グループで交流

学級全体で考える

■ 単元を振り返り自分でまとめる

単元の終わりには、その単元で学習した内容を自分なりに整理してまとめたり、まとめた内容をもとに一人ひとりが「ミニ授業」を行ったりする活動を取り入れています。

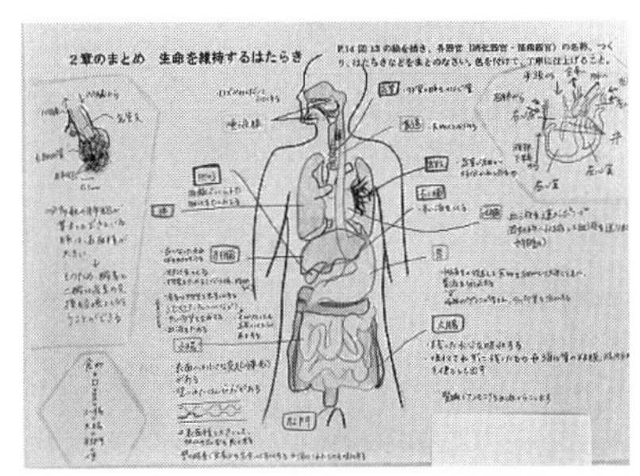

単元をまとめたプリント

生徒によるミニ授業

 理科の成果と課題

2015年度の全国学力・学習状況調査では、「生徒質問紙」の回答結果がいずれも全国（公立）平均を上回り、本校の理科における取り組みが成果をあげていることが実感できました。

なかでも「理科の勉強は好きですか」「理科の勉強は大切だと思いますか」の問いには、８割以上の生徒が「当てはまる」「どちらかといえば当てはまる」と回答しており、本校の理科がめざす「主体的な学び」の土台づくりはある程度達成できたととらえています。

しかし一方で、「理科の授業で、自分の考えや考察をまわりの人に説明したり発表したりしていますか」の質問には、およそ４割の生徒が「どちらかといえば当てはまらない」「当てはまらない」と回答しており、グループで交流したり、発表したりする活動が十分とはいえないことが明らかとなりました。

生徒間の交流活動をさらに活発に行い、言語活動のより一層の充実を図っていくことが今後の課題です。

5 英語科（外国語科）の授業づくり

南高附属中の英語科がめざすもの

本校の英語科では、中３終了時に「自分の言葉で自己表現できる生徒」の育成をめざし、その目標を達成することを考えて授業づくりに取り組んでいます。

そのためには、様々な視点からのアプローチが必要となってきますが、英語科がとくに大切にしているのは、第二言語の習得のために必要とされる事項を取り入れること、教科書を大切に扱っていくこと、そして、生徒が活動をすることです。

「５ラウンド」による授業づくり

上記の英語科の目標を実現するために取り入れた授業が、本校独自の「５ラウンド」と呼ばれる授業スタイルです。

この授業スタイルは、１年間で教科書を５周（２・３年生は４周）するというものですが、奇抜なことを行おうというものではなく、上記の目標の実現をめざすとともに、以下の課題と向き合うなかで考え出されたものです。

- 小学校の外国語活動との接続……「聞く」「話す」に慣れ親しんできた小学校での学びを、どのように活かしていくか。
- 高校での英語の授業への接続……量・難易度の大きく異なる高校での英語に、どのように接続していくか。

資料１　１年間の授業の進め方の比較

・通常の授業展開

4月 3月

Unit

1 2 3 4 5 6 7 8 9 10 11

・5ラウンドシステムの授業展開

4月 3月

Unit1	Unit1	Unit1	Unit1	Unit1
2	2	2	2	2
3	3	3	3	3
4	4	4	4	4
5	5	5	5	5
6	6	6	6	6
7	7	7	7	7
8	8	8	8	8
9	9	9	9	9
10	10	10	10	10
11	11	11	11	11

また、第二言語の習得にあたり必要とされる以下の点を授業に取り入れる必要があると考えました。

●大量のインプット（「聞く」「読む」）を生徒にしっかり与える。

●何度もスパイラルに繰り返し学習していく。

こうした過程を経て考え出された「５ラウンド」による授業を、共通指導案のもと、全教員が足並みを揃えて実践しています。

とくに１年生～２年生前半にかけてはインプット重視とし、教員もそこを意識して授業を展開しています。

「5ラウンド」による授業の進め方

■「5ラウンド」の１年間の進め方

まず「５ラウンド」システムによる授業の全体像を紹介します。

資料１に示すように、通常の授業は多くの場合、４月から教科書に提示された順序で進んでいき、１周して終わります。

資料２　各ラウンドで取り組む活動内容

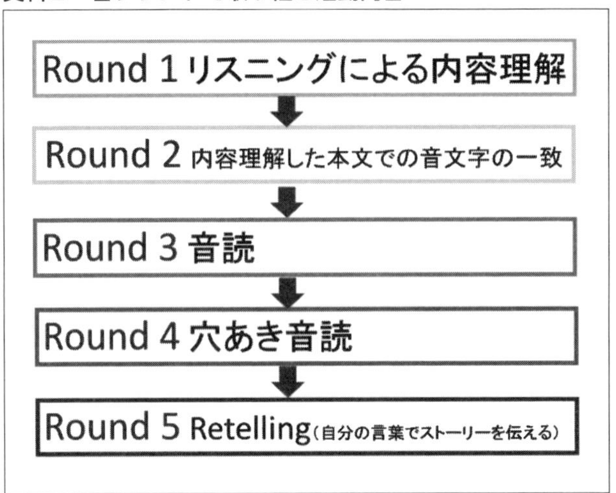

これに対して５ラウンドの授業は、教科書すべてのユニット（課）を約２ヵ月程度で１周（１ラウンド）し、視点を変えながら５回繰り返していく（５ラウンド）という進め方となります。

また、教科書の各ユニットはいくつかのセクション等に分かれていることが多いですが、本校ではセクションごとではなく、一つのユニット全体を通して聞かせたり読ませたりしています。

各ラウンドの内容

１年生の各ラウンドの内容は、以下のようになります（**資料２**）。

- ラウンド１……リスニングによるおおまかな内容理解を行う。
- ラウンド２……リスニングで理解した内容を、文字と結びつけていく。
- ラウンド３……教科書の本文の音読を行う。
- ラウンド４……穴あき箇所を設けた本文の音読を行う。
- ラウンド５……これまで何十回と繰り返し触れてきた本文の内容を、自分の言葉で相手に伝えるリテリング（retelling）を行う。

なお、２・３年生では音と文字を結びつけるラウンド２にあたる活動を行わないため、教科書を４周することになります。

 ラウンド１：音声による内容理解

次に、各ラウンドの進め方を紹介します。ラウンド１では、音声のみによる内容理解をユニット全体を通じて行います。

音声CDを聞いて段階的に様々な活動を行いますが、このラウンドの最大の目的は、生徒に音声をたくさん聞かせることです。１つのユニットにつき授業内で10回は聞かせることをめざしています。

⑴　**イントロダクション（トピック導入→パーソナライズ）**

ピクチャーカードを使ってトピックの提示をしながら、生徒個人とトピックを結びつけて生徒の動機づけを行います。

⑵　**リスニング１（扉ページの設問に答える、１～２回）**

ユニット全体を通してリスニングを行い、教科書の扉ページにある設問に答えて、おおまかな内容を理解します。

⑶　**リスニング２（ピクチャーカードの並び替え、３～４回）**

リスニングした内容をもとに、黒板にランダムに提示したピクチャーカードを並べ替えて話の流れをつかみます。

⑷　**リスニング３（なりきりリスニング、１～２回）**

登場人物の気持ちなどを考えながらリスニングします。

⑸　**リスニング４（なりきりスピーキング、２～３回）**

リスニングしながら、登場人物になりきって同じタイミングでセリフを発話します。

 ラウンド２：音声と文字の一致

ラウンド１で教科書を１周したら、ラウンド２ではおおまかに理解

したストーリーの音声と文字を一致させます。

このラウンドも様々な活動を行いますが、やはり目的は生徒に音声をたくさん聞かせることです。授業内で７～10回は聞かせるようにしています。

⑴　復習（ストーリーの振り返り）

最初のユニットに戻り約２ヵ月ぶりにストーリーに触れることになるので、教員からのQ&Aで簡単に内容を振り返ります。

⑵　文字から音声を予想させる

ハンドアウト（教科書本文の一文一文がランダムに並んでいる資料）を見て、一文一文がどのような音声になるかを予想させます。

⑶　音声と文字を一致させる（４～５回）

予想した音声をもとに教科書のストーリーを聞き、ハンドアウトに順番通りに番号を書き入れていきます。全体で答えを確認したのち、教科書を見ながらリスニングして授業を終えます。

ラウンド３：音読

ラウンド３では、ラウンド２で音声と結びつけた文字を自分で音声化し音読していきます。平均して10回強はストーリーを音読させますが、このラウンドも生徒のインプットが中心となります。

⑴　復習（ストーリーの振り返り）

約２ヵ月ぶりに触れるストーリーの内容を振り返ります。教員の質問の仕方を段々と変えて、より内容理解が深まるようにします。

⑵　教科書を見ながらリスニング（１回）

音読する前の確認として、文字を見ながらリスニングを行い、改めて音声と文字の一致を行います。

⑶　New Words（新出語彙の発音を確認）

音読の前に新出語彙の発音を確認します。フラッシュカードを用いて教員と確認した後、リストを使って個人練習を行い、隣同士のペアで確認して、音読への準備を進めます。

⑷　コーラスリーディング（教員に続いて音読、１回）

教員の後に続いて音読を行います。

⑸　バズリーディング１（個人で四方読み）

生徒それぞれが立って個人のペースで３～５回音読を行います。１回読み終えたら立つ方向を前・右・後・左と変えて音読の状況がわかるようにし、教員はその様子を見て生徒個々のサポートを行います。

⑹　一斉リーディング１（生徒全員で音読、１回）

確認の意味で生徒全員で一斉読みを行います。その際に、しっかり発音できていないところなどを教員が確認し、フィードバックを行います。

⑺　発音の確認（１回）

音声を聞いて、自分の発音を改めて確認します。

⑻　オーバーラッピング（音声に合わせて音読、１回）

音声に合わせて（厳密には、音声が聞こえたすぐ後に）音読を行います。

⑼　オーバーラッピングマックス（リピート用音声を使って音読、２回）

リピート用音声を使い、音声に合わせて音読した後、自分の力で同様の音声化を行えるように取り組みます。

⑽　バズリーディング２（音声なしで個人で四方読み、２～３回）

音声なしで、生徒それぞれが立って音読に取り組みます。発音・イントネーション・リズムを意識させます。

⑾　一斉リーディング２（生徒全員で音読、１～２回）

全体で音読を行い、発音・イントネーション等の確認を行います。

⑿　ライティング

ラウンド３の最後に教員が生徒一人ひとりの音読をチェックし、合格した生徒からその文をノートに書き写します。文単位のライティングを行うのは、ここが初めてとなります。

 ラウンド４：穴あき音読

ラウンド３までで、生徒は授業だけでも50回近く教科書の本文に触れてきたので、暗記をさせたわけではありませんが、その内容がほぼしみついています。

そこでラウンド４では、文構造等を意識させ、表現活動につなげる意図で、空欄を設けた穴あき文の音読を行っていきます。

⑴　復習（ストーリーの振り返り）

ストーリーの振り返りを行います。ラウンド４になると、ピクチャーカードを見せるだけで生徒の発話が出てくるようになります。

⑵　一斉リーディング（１～２回）

教科書の本文を、改めて全体で音読します。

⑶　穴あきリーディング（ワークシート４種をペアで音読、それぞれ７～10分程度）

本文に空欄の設けられたワークシートを使い、ペアになって穴あき文の音読を進めていきます。

シートはA～Dの４段階に分かれていて、１年生の場合、

A……動詞が空欄

B……単語がランダムに並べられている文が含まれている

C……文の始めの単語以外が空欄

D……文の始めの文字以外が空欄

となっています。

A→B→C→Dと順に取り組みますが、時にCを用いて一斉音読を行い、うまく音読できなければ通常の本文の音読に取り組ませるなど、教員は生徒が常に目的をもって活動できるよう支援していきます。

⑷　ライティング

Cシート等を用いて、教科書本文をノートに書き写させます。文構造やスペル等を考えながら空欄を再生しなければならないので、自然と正確さに意識が向くようになります。

 ラウンド5：リテリング（retelling）

最後のラウンド5は、原稿等の準備なしに、ピクチャーカードをもとに教科書のストーリーを自分の言葉で伝えるリテリングを行います。

⑴　復習（ストーリーの振り返り）

ピクチャーカードを見せて、簡単にストーリーを振り返ります。

⑵　穴あきリーディング（1～2回）

その後の活動につなげるため、教科書本文の確認も含めて、ワークシートの穴あき文の音読を行います。

⑶　ストーリーを考える（1分）

ペアに1枚配られたB4サイズにまとめられた1ユニット分のピクチャーカードを見ながら、約1分で話を考えます。

⑷　ペアでリテリング（1分×2人→振り返り）

ペアでそれぞれの考えたストーリーを1分間ずつ伝え合い、うまく言えたところ、言えなかったところ等を振り返ります。

⑸　グループでリテリング（1分×4人→振り返り）

4人組になってそれぞれの考えたストーリーを伝え合い、より多くのシェアを行って気づきの場面を増やしていきます。

⑹　クラス全体でリテリング

各自でストーリーを聞かせたい生徒等を1～2人指名したりしながら、クラス全体で共有し、リテリングの質を高めます。

⑺　ALTのリテリングを読む

教科書本文には出てこない、生徒が使いたくなる表現や語彙を取り入れてもらい、ALTにリテリングを書いてもらいます。

生徒には、そのリテリングを一つひとつ訳読させるのではなく、ピクチャーカードを見ながら音読して、どの場面のどのことを言っているのかをつかませます。

生徒は同じ場面でも違う言い回しや語彙があることに気づき、使ってみたい表現等を探して、改めて自分のリテリングに取り組みます。

(8) リテリングを繰り返し行う

(1)～(7)を繰り返します。

(9) ライティング

何度かリテリングに取り組んだ後、最後は自分が伝えた話をノートに書いて、すべての活動が終了となります。

英語科の成果と課題

十分なインプットを生徒に提供することを目的として、5ラウンドによる教科書の扱い方を進めてきました。

成果としては、生徒の発話できる表現が増え、それらを場面に応じて活用する力が徐々に育まれ、教科書のユニット・セクションごとに進めていく授業では見られない様子が見られるようになりました。

英語を通じて、自分の思うままにペアやグループで楽しくやり取りする生徒の姿が見られます。

課題として、教科書はストーリー性を重視して扱っていますが、どこかのタイミングで文法の使い方等を提示して使わせることも必要であると感じています。

しかし、そのタイミングが生徒の様子を見ながら教員個々の判断になっているので、どの教員でも指導内容がずれることのないよう、タイミングを取りまとめていくことが今後の課題の一つと考えています。

6 道徳の授業づくり

南高附属中の道徳がめざすもの

本校の道徳では、「課題に気づき、理解し、問題解決能力などを向上させ、学習後には道徳的価値観をもって行動できる力を育成すること」を目標としています。

その実現ため、従来型の読み物教材やビデオ教材を活用した道徳の授業の他に、「体験型学習」や「参加型学習」などを取り入れた、アクティブ・ラーニング型の授業に取り組んでいます。

アクティブ・ラーニングによる道徳の授業づくり

アクティブ・ラーニングのとらえ方

文部科学省の「用語集」では、アクティブ・ラーニングを「学修者の能動的な学修への参加を取り入れた教授・学習法の総称」としたうえで、多様な学習方法の例をあげています。

本校の道徳では、そのうちの発見学習、問題解決学習、体験学習、調査学習等を「体験型学習」とし、教室内でのグループ・ディスカッション、ディベート、グループ・ワーク等を「参加型学習」として取り入れ、道徳のアクティブ・ラーニング型授業を実践しています。

体験型学習のとらえ方

本校では、体験学習や調査学習など、生徒自らが直接作業や活動に取り組む学習形態のことを「体験型学習」ととらえました。

校舎の外で行われることが多い学習です。本校では道徳以外にも、総合的な学習の時間「EGG」のEGG体験でプロジェクトアドベンチャー足柄（PAA）などを行っています。

参加型学習のとらえ方

本校では、総務省の資料に基づき、「教える・教えられる」という関係で学ぶのではなく、学習者が積極的に他の学習者の意見や発想から学び、異なる知識や経験を相互に発信して進める学習のことを「参加型学習」ととらえました（「主権者教育のための成人用参加型学習教材」より）。

参加型学習では、学習者が現在または将来の課題に気づき、理解し、問題解決能力などを向上させ、学習後にはその実践として社会に参加する態度を養います。教室の中で行われることが多い学習です。

参加型学習の進め方

参加型学習は、「アクティビティ」と「振り返り」の２つの活動で進められます。教師は活動を進めて学習を深める支援をする「ファシリテーター」、生徒は「学習者」と呼ばれます。

まず、ファシリテーターに促されて、学習者は「アクティビティ」に取り組みます。

アクティビティには、ディベート、ロールプレイ、シミュレーション、プランニング、ランキング、フォトランゲージ、ルールメイキング、ゲーム（カードゲーム、オークション等）など、多種多様な活動が考えられます。

アクティビティを行った後に、ファシリテーターは学習者から様々な意見や感想を引き出し、学習者同士の対話を生み出すきっかけや雰囲気をつくります。また、学習者の発言をつなぎ合わせて、新たな課題を見つけ、学習者に投げかけたりします。

これをふまえて、学習者は自分が参加したアクティビティから学んだことや感じたことをまとめ、考えを深める「振り返り」の活動を行います。

■ 参加型学習の３つの流れ

参加型学習には大きく分けて３つの流れがあり、本校では道徳以外に「EGG」のなかでも取り組んでいます。

１つめは、人間関係の向上をめざして行われる学習です。本校では、EGG体験で構成的グループエンカウンターなどに取り組んでいます。

２つめは、開発教育、グローバル教育、地球市民教育などの、ユネスコが提唱した国際教育の影響を受けた学習です。本校では、EGG講座で「開発教育講座」などに取り組んでいます。

３つめは、欧米から入ってきた消費者教育、金融教育、経済教育などの新しい「○○教育」です。本校では、EGG講座で「法教育講座」などに取り組んでいます。

このように、様々な形態の参加型学習に道徳とEGGの両者で取り組むことで、生徒が学習の進め方に慣れることができます。

「体験型学習」を取り入れた道徳の授業例

■ 学校教育目標を題材とした授業

「体験型学習」を取り入れた授業例として、本校では３年生の秋に行くカナダ研修旅行という体験に向けて１年生のときから準備するという、３年間を見通した学習を行っています。

道徳として扱う題材は、本校の「学校教育目標」です。

学校教育目標を知ってもらうための企画を考え発表する

本校の生徒が学校の教育方針に沿った学びを進めていくためには、その核心である学校教育目標を生徒自身がよく理解している必要があります。

そこで、学校教育目標を生徒全員で理解し、共有することは、学校の一員としての自覚をもつことであると考え、道徳の内容項目4-⑺「学校の一員としての自覚」としました。

■ ３年間の学習の流れ

３年間の学習の流れとして、１年生で学校教育目標を「理解」し、２年生で「解釈」し、３年生でカナダ研修旅行中に英語で「表現」するようにしました。

⑴　１年生（理解）

- 学校教育目標を覚える。
- 学校教育目標を保護者に知ってもらうための企画を、グループで考える。
- 学級内で各グループが自分たちの企画を発表し、最もよい企画を学

学校教育目標をポスターにして発表する

級の代表に選出する。

⑵　**2年生（解釈）**

- グループで学校教育目標の意味を理解し、ポスターにする。
- 学級内で各グループが作成したポスターを発表し、最もよいポスターを選出する。

⑶　**3年生（表現）**

- グループで学校教育目標を英訳する。
- 学級内で各グループが英語に翻訳した学校教育目標を発表し、最もよい英訳を一つにまとめる。
- 10月に行くカナダ研修旅行では、ホームステイ先や授業を受ける姉妹校を訪れた際に、その英訳を活用して、お土産の手ぬぐいに書かれた「自主自立」の説明や学校紹介を英語で行う。

（「自主自立」は、学校教育目標の一つである「自ら考え、自ら行動する力の育成」を端的に表したもの）。

学校教育目標という題材を、1年生の一度きりでなく、各学年で角度を変えながら扱うことにより、内容を深く理解し、学校の一員とし

「自主自立」と書かれたお土産の手ぬぐい

「自主自立」の英訳活動と各学級の代表作品

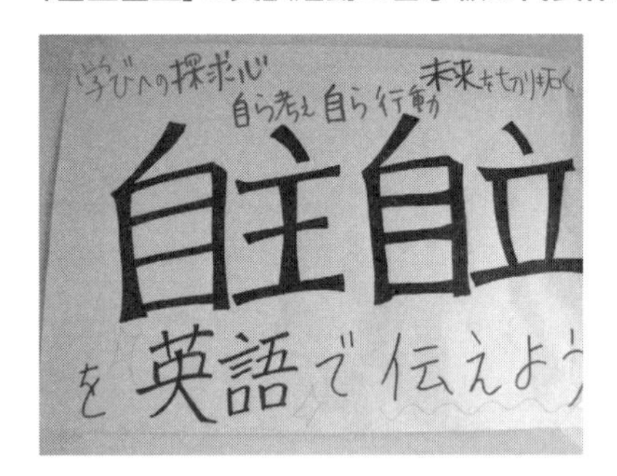

ての自覚を感じることができるように工夫しました。

さらに、この学習を指導する教員も、必然的に学校教育目標を覚え理解するため、教員と生徒がともに学校教育目標を共有できる学習プログラムとなりました。

「参加型学習」を取り入れた道徳の授業

本校では、年間35時間の道徳の授業の中で、各学年とも参加型学習を取り入れた授業を10時間以上行っています。

資料１・２・３（172～174頁）は、2014年度に行った参加型学習を取り入れた道徳の授業の一覧です。人間関係の向上、国際教育、人権教育などに関連する内容が多くなっています。

道徳の成果と課題

体験型学習や参加型学習を取り入れた道徳の授業では、正解も模範解答もはじめからありません。

生徒は体験やアクティビティを通し、「自分の考えをもつ→他者の考えを受け入れる→自分の考えを吟味する→クラスで共有する」という思考のプロセスを経て、自分なりの道徳的価値観をもつことができました。同時に、読解力やコミュニケーション力などの、汎用的な能力も育成できました。

また、EGGでも体験型学習や参加型学習を取り入れていたため、生徒は大変スムーズに学習に取り組むことができました。

課題としては、「全教員が、参加型学習におけるファシリテーターとしての技量を向上させること」「新たなアクティビティの開発のために、参加型学習の実践事例を集めること」の２点があげられます。この２つの課題の解決のためには、教員の研修が必要不可欠だと考えています。

資料1　参加型学習を取り入れた道徳授業の一覧（1年生）

項目・主題名	分野・資料名
4-(7)　愛校心	私が学校に行く理由 （「エンカウンターで学級が変わる　中学校編」図書文化）
4-(1)　集団の秩序	伝えよう、合唱のイメージ （「エンカウンターエクササイズ12か月中学校」明治図書出版）
1-(5)　個性の伸長	アイデンティティの競売 （「ヒューマン・ライツ」　明石出版）
2-(5)　個性の尊重	権利の熱気球 （「ヒューマン・ライツ」　明石出版）
4-(3)　差別や偏見のない社会を目指して	世界がもし100人の村だったら （「世界がもし100人の村だったら」　開発教育協会）
4-(1)　集団の秩序	権利と責任 （「ヒューマン・ライツ」　明石出版）
2-(2)　人間愛・思いやり	くらしに欲しいもの必要なもの （「わたし出会い発見Part 2」　大阪府同和教育研究協議会）
2-(3)　友情	先生ばかり住んでいるマンション （「学校グループワークトレーニング」　図書文化）
1-(3)　自律、自主、誠実、責任	見つけよう！自己コントロール法 （「エンカウンターエクササイズ12か月中学校」明治図書出版）
1-(5)　自分のよさを伸ばして	自分のことをまっすぐ見つめよう （「エンカウンターエクササイズ12か月中学校」明治図書出版）
3-(2)　自然愛、畏敬の念	季節を感じよう！ （「エンカウンターエクササイズ12か月中学校」明治図書出版）
2-(6)　感謝・報恩	ありがとうの一言 （「子どもの社会的スキル横浜プログラム」　横浜市教育委員会）
4-(4)　正義、差別のない公正公平な社会	ちがいのちがい （「新しい開発教育のすすめ方」　古今書院）

資料２　参加型学習を取り入れた道徳授業の一覧（２年生）

項目・主題名	分野・資料名
1-(1)　望ましい生活習慣、節度・節制	カードで理想の生活リズム！ （「エンカウンターエクササイズ12か月中学校」明治図書出版）
2-(3)　友情	みんなで伝え合おう！ （「人権学習ワークシート集　13集　神奈川県教育委員会）
4-(1)　遵法の精神	学校に携帯電話を持ってくること （ディベート）
1-(5)　向上心、個性の伸長	あなたのよいところBEST３ （「エンカウンターエクササイズ12か月中学校」明治図書出版）
4-(5)　勤労、社会奉仕	仕事が社会を支えている （「エンカウンターエクササイズ12か月中学校」明治図書出版）
1-(4)　真理追求・理想の実現	子どもの権利条約カードゲーム （「子どもの権利条約カード」　日本ユニセフ協会）
4-(3)　正義、公正・公平	正義と思いやり （「ユニセフによる地球学習の手引き」　教育出版）
4-(10)　国際理解・平和貢献	貧困はどこから （「開発のための教育」　日本ユニセフ協会）
4-(1)　遵法の精神	はっきり断る （「子どもの社会的スキル横浜プログラム」　横浜市教育委員会）
3-(2)　自然愛、畏敬の念	季節を感じよう！ （「エンカウンターエクササイズ12か月中学校」明治図書出版）

資料３　参加型学習を取り入れた道徳授業の一覧（３年生）

項目・主題名	分野・資料名
1-(5)　個性の伸長	去年はできなかった…でも今年はできる （「わたし 出会い 発見」 大阪府同和教育研究協議会）
2-(2)　思いやり	なぞのマラソンランナー （「協力すれば何かが変わる」　図書文化）
4-(10)　国際理解	貧困はどこから （「開発のための教育」　日本ユニセフ協会）
4-(5)　勤労の尊さ	私の価値観と職業選択 （「エンカウンターで学級が変わる　中学校編」図書文化）
4-(3)　差別のない社会	「暴力の芽」を考えよう （「やってみよう！人権・部落問題プログラム」開放出版社）
4-(2)　社会連帯の自覚	もしもあなたが親ならば （「子どもの権利教育マニュアル」　日本評論社）
4-(4)　役割と責任の自覚	４つのコーナー （「人間関係を豊かにする授業実践プラン」　小学館）
1-(1)　軽率なふるまい	表現を変えると （「人間関係を豊かにする授業実践プラン」　小学館）
4-(4)　集団の一員としての自覚	みんなでつくる連絡票 （「学校グループワークトレーニング」　図書文化）
2-(4)　健全な異性観	はじめてのデート （「エンカウンターで学級が変わる　中学校編」図書文化）
1-(4)　真理の追究、理想の実現	「２つの報道」 （「開発のための教育」　日本ユニセフ協会）
2-(3)　信頼	ブラインドウォーク （「エンカウンターで学級が変わる　中学校編」図書文化）
1-(3)　自主・自立	無くて七癖 （「エンカウンターで学級が変わる　中学校編」図書文化）
1-(4)　理想の実現	25歳の私からの手紙 （「エンカウンターで学級が変わる　中学校編」図書文化）
1-(4)　理想の実現	これから生きていくために大切なことは （「人間関係を豊かにする授業実践プラン」　小学館）

学力向上への様々な取組

1 素直に学びあえる意識づくり

素直に学び合える関係づくり

■ 入学直後はほとんど友だちがいない

グループワークなどのアクティブ・ラーニングの技法を取り入れた授業を行うためには、生徒が相互に学び合える関係が必要となります。

しかし、本校の生徒は市内・県内の広範囲から入学してくるため、入学直後の1年生のほとんどは、同じ小学校出身の友だちがいない状態です。

さらに、2月までは中学受検という競争の世界で過ごしてきているため、同級生はある意味ライバルだったことになります。

■ 人間関係づくりの授業プログラム

そこで「鉄は熱いうちに打て」のことわざ通り、入学直後の1ヵ月間に、プロジェクト・アドベンチャー、構成的グループエンカウンター研修、コミュニケーション研修などの「EGG体験」（102頁参照）を立て続けに実施し、生徒間の望ましい人間関係づくりの土台を構築します。

この土台の上に、学級活動や行事などを通して、互いに支え合い協力する関係づくりを進めます。

本校の授業を視察された方からは、「教室の中がとても温かくて、柔らかい雰囲気ですね」と言われることが多くあります。こういった集団の雰囲気があってこそ、各教科等で相互に学び合う授業の効果をより上げることができるのです。

■ 大学入試は団体戦

また、「大学入試は団体戦だ！」という言葉があります。併設校である南高校に進学してからも、学年や学級のなかに「受験勉強をがんばり、第一志望校に入学しよう！」という雰囲気があれば、そのよい雰囲気のなかで一人ひとりががんばれるということです。

逆に、学年や学級のなかに「辛い受験勉強から早く逃れたい」という雰囲気があふれていた場合は、早い段階で第一志望校をあきらめ、現状の学力で入学できる大学で妥協してしまう生徒も出てきてしまいます。

そうした意味でも、生徒が相互に学び合い、支え合う関係づくりは非常に重要であり、その結果として、南高校と本校の目指す学校像の一つである「生徒が互いに切磋琢磨し、常に活気に溢れている学校」が実現すると考えています。

「教室はまちがうところだ」という意識を計画的に育成

■ 間違うことを恐れてはいけない

本校の１年生は、小学校では勉強ができた方の児童であり、勉強についてある程度のプライドもあるため、授業内容が段々とむずかしくなってきても、先生に素直に「わかりません」と言えない部分が少なからずあります。

また、欧米の生徒とは対照的に、日本の生徒は学年が高くなるにしたがって発言量が減少していく傾向が見られます。これは、「間違っていたら恥ずかしい」という意識が強くなっていくためだと考えられます。

しかし、アクティブ・ラーニングの授業を行うためには、一人ひとりの生徒が間違うことを恐れず、積極的に発言し、行動できるようにならなくてはいけません。

また、自らの学習のつまずきから目をそらすのではなく、それを克服するために行動を起こすことが大切であることに、生徒自身が気づくことが必要になります。

■ 道徳「教室はまちがうところだ」の実施

そこで、毎年６月上旬に、１年生に対して「自己の向上、充実した生き方」を内容とした道徳の授業を実施しています（**資料**）。

題材は、蒔田晋治氏の『教室はまちがうところだ』（子どもの未来社、2004年）という絵本です。

■ １年生の夏休み前までに意識を共有

この授業をした後は、生徒は先生に「わからない」ことを隠さないようになり、授業後に質問に来る生徒の数も増えます。また、授業中に「間違った」生徒に対するクラスの雰囲気も優しくなります。

教室では間違って当たり前、間違うことを素直に認めて、それをきちんとわかるようにすることが大切だ、という意識を生徒が共有することで、発言や発表が活性化します。

この意識を１年生の夏休み前に植えつけることによって、授業の活性化とともに、生徒による苦手分野の克服への取組がスムーズに行われるようになりました。

資料　道徳「教室はまちがうところだ」の授業展開例

1．学校の勉強でわからないことがあった場合、今までどうしてきたかを考えさせる。

2．数人の生徒に発表させる。

3．『教室はまちがうところだ』を教師が読む。

4．数人の生徒に感想を発表させる。

5．学習課題

(1)　これからの課題・作業の流れを説明する。

(2)　課題「この話に別なタイトルをつけるとしたら、どういうタイトルにしますか？」

①個人で考える

②ペアワークを行う……一人ひとりがタイトルとその理由を発表する。相互に意見交換をする。他の人の意見を聞いて、タイトルを直しても可。

③手持ちのカードに、一人ひとりが自分で考えたタイトルを書く（自分の名前も小さく書く）。色ペンやイラストなども書き込み可。

(3)　寄せ書きづくり

①A3の紙２枚程度を貼り付けて台紙をつくり、黒板に掲示する。

②台紙の中央に「教室はまちがうところだ」と大きく書く。

③各列ごとにのりを回し、カードの裏にのりをつけた人から、台紙にカードを貼る。

(4)　まとめ

①教師が寄せ書きのカードからいくつか読み上げる。

②勉強でつまづきを感じたら、遠慮せずに先生のところに来るように伝える。

※完成した寄せ書きはその後、教室の壁に掲示しておき、いつでも振り返れるようにしておく。

2 家庭学習を定着させる「私の週プラン」

「私の週プラン」と「レコーディンググラフ」

「予習・復習」は学習の王道

昔から習い事には「おさらい」が必要であり、生徒が家で練習してこなければ、習い事の先生はすぐに見抜き「おさらいしてきていませんね」と叱ったものです。学習したことは、復習することで忘れにくくなり、定着率が高まります。

また、反転授業の例に見られるように、授業内容の理解には予習が非常に有効です。

このように、学力向上には家庭学習での「予習・復習」が欠かせません。まさに学習の王道であり、定石です。

家庭学習の計画を立てる「私の週プラン」

そこで本校では、家庭学習の目標時間を１日90分、授業がない日（休日、長期休業中）は１日180分と定め、家庭学習を定着させるツールとして「私の週プラン」を開発・活用しています（**資料１**）。

このツールは、生徒が自分で１週間の家庭学習の計画を立てて、実際の学習時間を記入していくためのシートです。翌週の月曜日に、学級担任に提出してチェックを受けます。

資料１　「私の週プラン」で１週間の家庭学習計画を自分で立てる

わたしの週プラン　書き方例

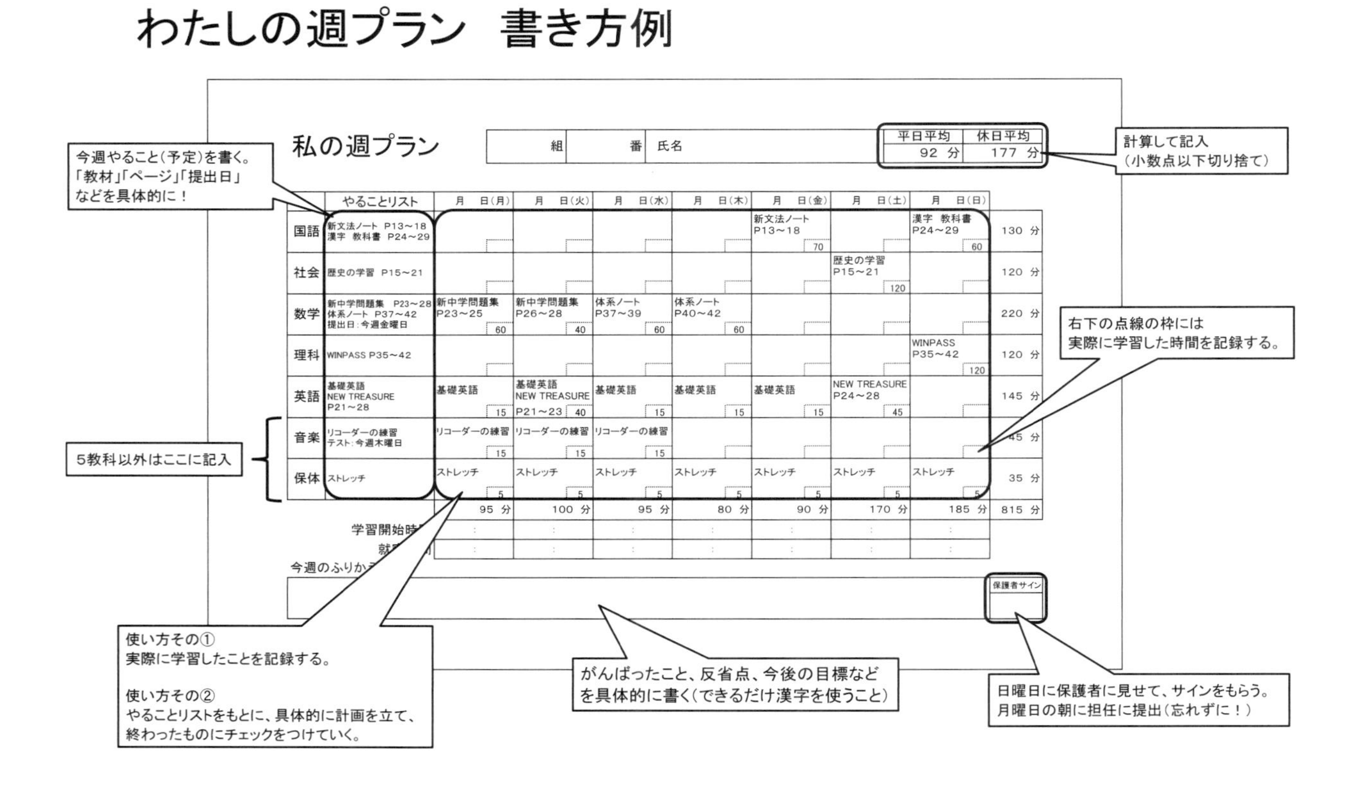

私の週プラン

組	番	氏名	平日平均	休日平均
			92 分	177 分

	やることリスト	月　日(月)	月　日(火)	月　日(水)	月　日(木)	月　日(金)	月　日(土)	月　日(日)	
国語	新文法ノート P13～18 漢字 教科書 P24～29					新文法ノート P13～18 70		漢字 教科書 P24～29 60	130 分
社会	歴史の学習 P15～21						歴史の学習 P15～21 120		120 分
数学	新中学問題集 P23～28 体系ノート P37～42 提出日：今週金曜日	新中学問題集 P23～25 60	新中学問題集 P26～28 40	体系ノート P37～39 60	体系ノート P40～42 60				220 分
理科	WINPASS P35～42							WINPASS P35～42 120	120 分
英語	基礎英語 NEW TREASURE P21～28	基礎英語 15	基礎英語 NEW TREASURE P21～23 40	基礎英語 15	基礎英語 15	基礎英語 15	NEW TREASURE P24～28 45		145 分
音楽	リコーダーの練習 テスト：今週木曜日	リコーダーの練習 15	リコーダーの練習 15	リコーダーの練習 15					45 分
保体	ストレッチ	ストレッチ 5	ストレッチ 5	ストレッチ 5	ストレッチ 5	ストレッチ 5	ストレッチ 5	ストレッチ 5	35 分
		95 分	100 分	95 分	80 分	90 分	170 分	185 分	815 分
	学習開始時	:	:	:	:	:	:	:	
	就	:	:	:	:	:	:	:	

今週のふりか

保護者サイン

資料2　「レコーディンググラフ」に1週間の家庭学習時間を記録していく

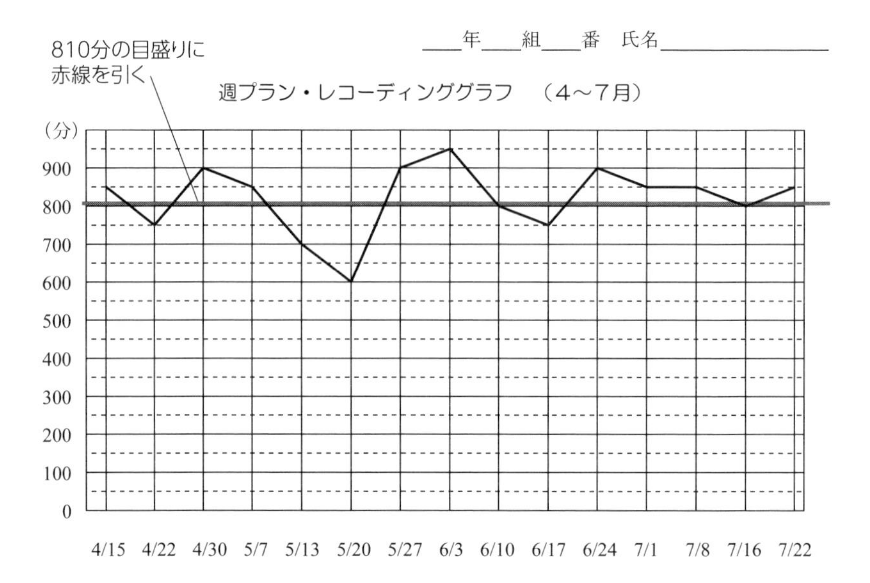

学習時間を見える化する「レコーディンググラフ」

また月曜日に、生徒は先週1週間の家庭学習時間の合計を、「レコーディンググラフ」に折れ線グラフで記録していきます（**資料2**）。

1週間の家庭学習の平均目標時間は810分（平日5日×90分＋休日2日×180分）なので、折れ線グラフの810分の目盛りに赤線を引き、先週の家庭学習時間が目標に到達したかどうか、これまでの家庭学習時間がどう推移してきたかを、生徒自身に確認させるのです。

これはレコーディング・ダイエットの手法を応用したもので、もし赤線の目標時間に達していなければ、真っ先に生徒自身が勉強不足に気づきます。教師や保護者が「勉強しなさい」とうるさく言うのではなく、自分から学習意欲を向上させるためのツールなのです。

さらに、定期テスト前には、生徒に「学習計画表」も作成させました。

リスニングマラソンと読書マラソン

基礎英語を継続させる「リスニングマラソン」

また英語科では、家庭でNHKラジオ「基礎英語」を毎日聞くことを推奨しています。よい英語を聞くことは、英語のリスニングの力をつけるためにもたいへん効果的です。

しかし、中学校１年生にとって、基礎英語の４月号のテキストをとりあえず購入しても、それを継続して聞き続けることがなかなか難しいようです。

そこで本校では、ラジオの基礎英語を聞いたらシールをカードに貼っていく、「リスニングマラソン」を実施しました。

		基礎英語１			リスニング課題	グリーンブック	その他	時間（分）
		レッスン番号	わかったこと	難しかったこと	Unit 番号 Step,回数	レッスン 番号、回数		
1日	木	L-96	[illegible]	[illegible] 特になし	Unit3 step1.2 2回			22 分
2日	金	R-24	[illegible]	特になし	Unit3 step4.5 3回	Lesson8 9回 conversation2		30 分
3日	土				Unit4 step1.2 2回			7 分
4日	日				Unit4 step4.5 3回	Lesson7 9回 conversation3		10 分
5日	月	L-97	[illegible]	[illegible]	Unit5 step1.2 2回			23 分
6日	火	L-98	[illegible]	[illegible]	Unit5 step4.5 3回	Lesson9 9回 conversation4		25 分
7日	水	L-99	[illegible]	[illegible]	Unit6 step1.2 2回			23 分
8日	木	L-100	[illegible]	[illegible]	Unit6 step4.5 3回	Lesson9 9回 conversation5		28 分
9日	金	R-25	[illegible]	[illegible]	Unit7 step1.2 2回			24 分

本を読む習慣がつく「読書マラソン」

同じように国語科では、１冊本を読み終わったらシールをカードに貼っていく、「読書マラソン」を実施しています。

基礎・基本はとても重要です。これらの取組は、夏休みのラジオ体操のシールと同様に、たいへんオーソドックスな方法ではありますが、これまでの積み重ねを見える化することで、確実に生徒のモチベーションの維持につながります。

3 つまずきをフォローする指名補習

つまずきやすい数学と英語の指名補習

■ 数学と英語はつまずきやすい

どの中学校でも1年生の6月頃になると、少しずつ学習につまずく生徒が現れます。段階を踏んで理解することが重要な数学科と英語科では、とくにその傾向が強くなります。

そこで本校では、6月後半から数学と英語の補習を行っています。基本的には、教科担任による指名補習です。

■ 教科担任がリストアップして声をかける

教科担任が定期試験、提出物、授業の様子などを総合的に判断して、補習が必要な生徒をリストアップし、休み時間などに「○○さん、今、学習しているところが少しわからなくなっていない？　今日の放課後、補習をするからいらっしゃい」などと声をかけます。

生徒間にはすでに「教室はまちがうところだ」という意識が醸成されているので、周りの目を気にするなどの余計な抵抗感を抱かずに補習を受けてくれます。

■ 「居残り」ではない「前向き」な補習

また、どこからか話を聞きつけた補習の対象外の生徒までも、「私も少しわからないところがあるから補習を受けたいです」と希望して参加してきます。

　このように希望者も交えて、いわゆる「居残り勉強」をさせられているという後ろ向きな雰囲気ではなく、「わからないところをわかるようにする」という前向きな雰囲気で学習に取り組むことができています。

補習を行う曜日を学校として定めておく

　補習は、学年別に数学科と英語科で計画され、火曜日と木曜日の放課後に空き教室を使って実施しています。火曜日と木曜日は放課後に部活動がないため、補習がしやすい曜日となっています。

　指導は主として各学年の数学科の担当教員ですが、必要に応じて学年の教員がサポートに入ることもあります。

　また、月１回、土曜日の午前中は、各自のやりたい学習ができる学習日としており、つまずきそうになっている部分を先生たちに個別に教えてもらうこともできるようにしています。

4 様々なテストの実施と分析・活用

基礎力診断テストの実施

「知識・理解」の定着に課題

開校1年め、テスト結果の分析などから、生徒の「思考力・判断力・表現力等」の学力が高いことが明白になり、各教科が取り組んできたアクティブ・ラーニング型の学習の成果が表れました。

しかし、それに比べて「知識・理解」の定着にやや課題があることも明らかになりました。

「基礎力診断テスト」で反復練習を促す

そこでその改善を図るために、開校2年めから、国語科・社会科・数学科・理科・英語科の5教科の知識・理解のみのテストを新設し、「基礎力診断テスト」と名づけて定期的に実施しました。その内容は、次の通りです。

- 国語科……テスト範囲で習った漢字を書く問題
- 社会科……テスト範囲の教科書に出てくる重要語句を書く問題
- 数学科……テスト範囲の基礎的な計算問題
- 理科………テスト範囲の教科書に出てくる重要語句を書く問題
- 英語科……テスト範囲の教科書に出てくる英単語を書く問題

たとえば社会科ならば、教科書の本文中の太字の語句をそのまま答える形式なので、生徒は出題される内容も正答もわかっており、準備さえしておけば解答できる問題となっています。

しっかりと反復練習に取り組み、知識として定着させることを促すのがねらいです。

目標の正答率に到達するまで追試

本来は全員満点が理想ですが、各教科の合格点として、正答率80〜90%を目標値としました。そして、目標の正答率に到達しなかった生徒には、到達するまで追試を受けてもらうことにしました。

追試というと生徒に抵抗感を抱かれそうですが、これまで「教室はまちがうところだ」の授業や指名補習によって、自らの学習のつまずきから目をそらすのではなく、それを克服することが大切だという意識を育成してきたので、「できないことをできるようにするため」という意識で取り組んでもらえました。

むしろ、知識の定着度が向上したことで、自信をつけた生徒が多く見られました。

定期テストの改善と工夫

「思考・判断・表現」を測る記述問題を増やす

本校は、併設校の南高校と同様に２期制を採用し、前期の中間テスト・期末テスト、後期の中間テスト・期末テストと、年に４回の定期テストを実施しています。

このとき、アクティブ・ラーニング型の学習に対応した問題を取り入れると記述式の問題が多くなり、４観点のバランスを考えて作問すると、どうしても問題量が増えてしまいます。そのため、生徒が解答する時間が不足してしまうことが課題でした。

しかし、上述した「基礎力診断テスト」を実施するようになったので、定期テストで「知識・理解」の問題をあまり出題しなくてもよくなり、記述式の問題を多く出題できるようになりました。

■ 観点別に色分けして採点の効率を上げる

また、後期の期末テストは３月半ばに実施していますが、採点後に成績を出すまでの処理の日数が厳しいことも課題でした。

そこで、観点別の小計を出しやすくするため、解答欄を観点別に色分けしたり、観点別に違う色のペンで採点したり、回収した解答用紙に正答を重ねて印刷したりして、各教科で採点の効率を上げる工夫をしました。

外部試験の分析結果の活用

本校では、定期テストと市の学力・学習状況調査以外に、様々な業者による外部試験を実施しています。

外部試験では、個々にコメントがつけられた個票と、学年の傾向を分析した各教科の学習の結果が戻されます。

本校では、この分析結果を次のように活用しました。

⑴　研修会の開催

まず、業者による分析結果を教員全員で共有するために研修会を開催し、業者の担当者から分析結果の解説とアドバイスを受けます。

⑵　目標の達成度の分析と把握

次に、本校で各学年ごとの学力状況の推移の資料を作成し、設定してある目標の達成度を出して現状を分析・把握するとともに、目標とのギャップを明確にします。

この作業は、開校から３年間は副校長が行っていましたが、開校４年めからは、校内組織に設置した学力向上委員会という分析チームで行うようにしました。

⑶　教科会や学年会での確認

　最後は、これらの分析・アドバイス・達成度を受けて、教科会や学年会で学力向上についての取組を確認していきます。

　教科会では、多くの生徒ができていない問題を取り上げ、できていない理由を明確にして、授業の改善を図るようにします。

　学年会では、家庭学習時間や就寝時間などの生活調査の結果から、基本的生活習慣などについての指導方針を決めていきます。

「振り返り課題」でテストのやり直しを行う

■ 解けなかった問題をやり直すことが重要

　生徒は返却されたテストの点数のみを気にしがちですが、一番重要なことは、今後の学力向上につなげること、つまり、解けなかった問題のどこが理解できていなかったのかを把握し、内容を理解して次から解けるようにすることです。

　そのため、テスト終了後は各教科で「テスト後振り返り課題」を出し、テストのやり直しをしっかり行うように働きかけました。

　資料１（次頁）は、開校３年め（2014年度）に出題した、前期中間テスト後の各教科の「テスト後振り返り課題」です。

■ 振り返り課題の進め方

　テスト後振り返り課題は、次のように進めます。

⑴　テストの後にすぐやり直しをする

- 学校のテスト（定期テストなど）は、答案返却後すぐ確認をし、間違った問題や難しかった問題をもう一度解く。
- 外部試験などは、模範解答を見て自己採点し、間違ったと思われる問題や難しかった問題をもう一度解く。

⑵　同じ問題を最低３回はやる

- やり直しや振り返りをすることで、自分が苦手としている問題を見つけ、理解を深める。
- 繰り返し行うことで、問題を理解し定着を図る。

⑶　ノートにやり直しの記録を書く

- あとで見直したときに見やすいように、自分なりの参考書をつくるつもりでやり直しに取り組む（**資料２**）。

資料　各教科の振り返り課題の例（2014年度、前期中間テスト）

１年	テスト後振り返り課題
国語科	解答用紙返却後、間違った問題（言語事項の問題を中心に）を見直し、指定用紙にテストの振り返りと漢字練習を行い、提出してください。
社会科	解答用紙返却後、誤ってしまった問題や明確に根拠をもって答えられなかった問題を中心に指定の用紙に解き直しを行い、振り返りを行ってください。
数学科	指定の用紙に①テストの振り返り②間違えた問題を解き直し、５月26日の授業開始時に提出してください。詳しくは答案返却時に指示します。
理科	指定の用紙に①分析②間違えなおし③振り返りを記入し、提出。詳しくはテスト返却時に指示します。
英語科	アルファベットを間違えた人はもう一度ノートにすべて書いて確認しましょう。詳しくは授業で説明します。

２年	テスト後振り返り課題
国語科	解答用紙返却後、間違った問題を見直してください。漢字・文法については、「新文法ノート」や教科書の漢字をやり直してください。詳しくは授業で連絡します。
社会科	指定の用紙に①テストの振り返り②間違えた問題の解き直しを行い、５月30日までに提出してください。詳しくは答案返却時に指示します。
数学科	間違えノートに①テストの振り返り②間違えた問題を解き直し、５月26日の授業開始時に提出してください。詳しくは答案返却時に指示します。

理科	指定の用紙に①分析②間違えなおし③振り返りを記入し、提出。詳しくはテスト返却時に指示します。
英語科	間違えたところをもう一度ノートにやり直して、提出して下さい。詳しくは授業でお知らせします。

3年	テスト後振り返り課題
国語科	解答用紙返却後、間違った問題（漢字や文法の問題を中心）を見直し、指定用紙にテストの振り返りを行い、提出してください。
社会科	解答用紙返却後、誤ってしまった問題や明確に根拠をもって答えられなかった問題を中心に指定の用紙に解き直しを行い、振り返りを行ってください。
数学科	間違え直しノートに間違えた問題の解き直し、テストの振り返りを5月28日の授業開始時までに提出してください。詳しくは答案返却時に指示します。
理科	テスト直しを専用のノートに行ってください。（やり直し用のプリントを活用する）間違えたところだけでなく、理解が曖昧だったところは必ず、ポイントやその問題を解くために必要な知識などをまとめてください。また、テストの振り返りも必ず記入し、6月3日までに全員が提出してください。
英語科	間違えたところをもう一度やり直し提出してください。詳しくは授業でお話します。

資料2　ノートに間違えた理由も記入してやり直す

問5. 次の各組の数の大小を、不等号を用いて表しなさい。
(3) -1.3, $+2$, -1.

自分の考え → $-1 < -1.3 < +2$
マイナスのことを考えずに数だけで考えてしまった…
正解 → $-1.3 < -1 < +2$
考え方
-1.3 と -1 の絶対値で数の大きい方が小さくなる。
-1 と $+2$ は $+$ の数が大きくなる

問7 次の計算をしなさい。
(6) $\left(-\frac{5}{18}\right) \div \frac{10}{9}$

$\left(-\frac{5}{18}\right) \div \frac{10}{9}$
$= \left(-\frac{5}{18}\right) \times \frac{9}{10}$　÷を×にかえて逆数にする
$= -\left(\frac{5 \times 9}{18 \times 10}\right)$　符号を決めて約分する
$= -\frac{1}{4}$

まちがえたところ
逆数にするのを忘れた

5 生徒個々の学習意欲を高める取組

「学力カルテ」による学習状況の把握

医師が患者一人ひとりの病状や履歴などを記録するカルテにならって、本校では、生徒一人ひとりの学力状況や学力調査の結果をまとめた「学力カルテ」を作成しています。

各教科の学力状況の推移を1枚のシートにまとめてあるので、生徒一人ひとりの学力を把握して課題を明らかにし、個別に指導する際の重要な資料となり、これに基づき補習や面談などを行っていきます。

「校長面談」で学習意欲を高める

入学時のよい緊張感がよみがえる

開校1年めの1月に、1年生全員が校長室で学習に関する校長面談を行いました。

保護者や担任の話はなかなか素直に聞けない年頃の生徒ですが、広い校長室で校長と面と向かって面接すると、よい緊張感とともに入学したときの意欲がよみがえるようです。

校長は、面接する生徒の「学力カルテ」を資料として用います。その生徒の客観的な数値に基づいて質問をし、アドバイスをすることによって、一人ひとりの生徒は学習について前向きに考えるようになります。

将来に向けた学習意欲を高める

この校長面談は３年生のときにも実施し、最終的には３年間で２回行うようになりました。

３年生での面接では、大学進学や将来の夢などの話にも及び、高校への進学を前に、もう一度、学習への意欲を高めることができました。

昼休みや放課後を使っての10分間の面接ですが、学力向上や家庭学習の習慣を確認するうえで、とても効果がありました。

 「学習だより」で学びの情報を提供する

ただの「たより」から「学習だより」へ

開校１年めから、外部試験の学年全体の傾向や成績分布などの結果を、保護者にお知らせするための「たより」を発行していました。

そして開校３年めとなり様々な学力調査のデータが集まってきたため、学習に関する情報を「学習だより（Forward!!）」として一元的に発信することにしました（**資料**）。これは、校長直轄の「特命チーム」（後

資料　学習に特化した「学習だより」

Forward!!

No.1

横浜市立南高等学校附属中学校　学習だより
学校長　高橋　正尚　発行：学習担当

ゴールデンウィークが終わり学校生活が再開しました。生活のリズムは大丈夫でしょうか。１年生の皆さんは週プランの書き方はもう大丈夫ですか？２、３年生の皆さんは毎週始め（月曜日）に週プランの記録はできているでしょうか。しっかり学習習慣を学校全体でつけていきましょう。

これから時折学習に関することを載せた学習だより"Forward"を全校向けに発行していきたいと思います。それぞれの学年がどのようなことに取り組んでいるのか、学習の課題は今何のかなど、それぞれの学習を進める上での参考にしてもらえればと思いま。しっかり読んでみてください。

今回は年度初めということもあり、今年度の附属中学校のテスト計画です。附属中では、他の学校に比べるとテストが多いかもしれません。でもそれは一人ひとりに確かな力をつけていきたい、つけて欲しいという学校の目標からなのです。

テストについて

特に１年生にはしっかり確認してもらいたいことです（もちろん２、３年生も改めて確認しましょう）

① それぞれテストの狙いを確認しよう。
→どのような狙いで行われているかを把握し、事前の対策、また事後の取り組みしっかりと行いましょう。

② 目標を立てて臨みましょう。
→前回のテストや、またその狙いから自分の目標を立て臨めるといいですね。

③ 範囲を確認し学習を進めましょう。
→それぞれのテストでは、原則２週間前に範囲が配られます。しっかりと範囲を確認し狙いにそって対策をしていきましょう。テストによって２週間前から週プランも特別なものになっていきます。

④ やり直しをしっかりと行おう。
→それぞれのテストは始めにも書きましたが、皆さんに力がついて欲しいという大きな目標があります。テストはどうしても結果ばかりに気をとられてしまいますが、結果を受け止め、やり直し（間違ってしまったところや、できなかったところなど）をして次につなげることが非常に大切です。それぞれの教科の先生から詳しくはお話があるかと思いますが、しっかりとやり直しに取り組みましょう。

の学力向上委員会）が作成・発行しました。

■ 勉強の仕方など学習方法も掲載する

「学習だより」の内容は、各種学力調査の結果とその分析が中心ですが、次第に、定期テスト後の振り返り課題や、勉強の仕方、家庭学習の仕方、単語の覚え方など、具体的な学習方法についても掲載するようになりました。

学年だよりとは別に、学習に特化した「たより」にしたことで、内容が整理され、深く発信できるようになりました。

土曜日の発展的な特別授業

■ 学力レベルの高い生徒にも対応

本校では、学力レベルの高いいわゆる「吹きこぼれ」への対策として、もっと高度な学習を望む生徒を対象に、数学と英語の特別授業を行っています。

この特別授業は、得意教科の学力をさらに伸ばすことを意図したもので、教育課程に則った内容ではなく、高校レベルの授業となります。

講師は、数学が前横浜サイエンスフロンティア高校校長の佐藤春夫先生、英語が東京家政大学教授の太田洋先生にお願いしました。

■ 無料で受講できる教育課程外の活動

これは部活動などと同様の教育課程外の教育活動であり、毎月１回程度、土曜日の午後に開講し、参加は希望制で無料で受講できます。

中学生には難しい内容も含まれますが、希望して受講しているだけあって、生徒が意欲を持って参加しています。

カリキュラムを支える組織づくりと人材育成

1 教員の力量に左右されない授業づくり

教員の力量に左右されない授業づくりのシステム

■ 個人の授業から南高附属中の授業へ

開校から２年め、３年めと学年が増えるごとに、他校から異動してきた教員や新規採用の教員も増えていきます。

新しく本校の教員の一員になった彼らに求めたことは、「個人の授業から南高附属中の授業」という意識をもってもらうことでした。

「個人の授業」とは、いわゆる職人タイプの授業です。自身で研修を積んだり、教材研究に取り組んだりしながら、次第に自分なりの授業方法をつくりあげ、授業で使うワークシートや資料などのプリントをそれぞれの教員が作成し、教材を用意し、実践しているような授業のことです。中・高の教員には少なくないように思います。

■ 「南高附属中の授業」はチームでつくる

一方で、「南高附属中の授業」とは、チームでつくる授業だと言えます。

授業方法や教材・プリントを、教科会というチームで共有して授業の実践にあたります。実践後は、教科会で授業方法を検討したり、教材やプリントなどを改良したりして、ブラッシュアップしていきます。

チームで授業をつくり改善していくので、「三人寄れば文殊の知恵」の諺（ことわざ）どおり、効率的で効果的な授業づくりが可能となります。

また、授業の質が教員個人の力量にあまり左右されず、どの教員が行っても同じスタイルの授業ができるシステムができあがり、初任者でも生徒の学力向上を実現することができました。

 なぜ「南高附属中の授業」が必要だったのか

では、なぜこのような授業づくりが必要だったのか、その理由を２つ紹介します。

独特の教育課程と授業スタイル

１つめの理由は、本校の独特な教育課程と授業スタイルのためです。

本校は、国語科・数学科・英語科は毎日授業があり、他の中学校より年間授業時数が多いため、先取り授業や他の中学校ではやらないような学習を行います。また、すべての授業でアクティブ・ラーニングを実施しているのも、大きな特徴です。

そのため、異動してきた教員は、これまでの授業スタイルから、南高附属中のスタイルに切り替える必要がありました。

そこで、教科会でよく話し合い、前年度の授業方法や教材・プリントを共有して授業を行う、「南高附属中の授業」が必要だったのです。

また、本校の授業の一部は南高校の教員が行いますが、中学生を教えるのは初めてという高校の教員にとっても、「南高附属中の授業」はとても有益でした。

初任者の多さ

２つめの理由は、初任者の教員が多いためです。

すべての教員が高い授業力をもっていればよいのですが、そのような学校はなかなかありません。

本校も例外ではなく、毎年度、大学を卒業したばかりの初任者が１

～２名着任しました。初任者は教育に対する熱意はありますが、はじめから授業力があるわけではありません。

しかし、本校の教育理念や教育目標、そして教育課程や教育活動に賛同して入学してきた生徒に対して、「高い学力」を育成することは本校の教員の使命です。そのためには、初任者も含めて、すべての教員に高い授業力が望まれます。

そこで、先輩たちが実践してきた授業方法を共有し、先輩たちが作成した教材やプリントを活用して授業をする、「南高附属中の授業」が必要だったのです。

教科会の具体的な取組

「個人の授業から南高附属中の授業」を実現するうえでは、教科会の働きが重要でした。

教科会の具体的な取組は、校長が示す「言語活動の充実」という目標を全教員で共有したうえで、各教科会に任されています。その取組の一部を紹介します。

■ 縦のつながりの意識（数学科の取組）

週１回、授業の空き時間に数学科の教員が集まり、授業進度や提出物、今後の日程などの確認を行っています。教科会を行うことで、横のつながり（同学年）だけでなく、縦のつながり（３年間）を意識することができます。

また、月１回程度、中高合同の数学科の教科会を行い、連携を図っています。

■ 教材の共有財産化（社会科の取組）

表現力を育成するために、３年間見通しをもって授業が行えるよう、

３人の社会科の教員が授業づくりを一体となって行います。「チーム社会科」として誰もが同じ授業を行えるようなワークシートづくりをめざし、日々授業実践を積み重ねています。

授業で使ったワークシートや資料などはデジタルデータで保存し、教科内で自由に使えるようにしています。授業後に改善したものも保存して、ブラッシュアップを重ねています。

チームとして学校の授業力を高める

授業方法や教材という「財産」を増やしていく

「公立の中高一貫校は、今はいい先生がいるかもしれないけれど、しばらくしたらそういった先生方が異動してしまうので心配だ」という保護者の声を耳にしました。

確かに、開校時にスター選手のような教員たちを集めても、その力量に頼るだけでは、その教員たちが異動してしまえば、それでお終いかもしれません。

しかし、本校ではチームとして授業づくりに取り組むことで、毎年度、授業方法や教材をブラッシュアップし、学校にとって何物にも代え難い「財産」をどんどん増やしていくことができ、そのような心配は解決できました。

個々の教員の授業力も向上していく

さらに、教員が相互に学び合うことになるので、チームとしての授業力の向上のみならず、個々の教員の授業力も向上していきました。

いつか本校の教員が他の中学校に異動したとき、「さすが、南高附属中でしっかりと授業力をつけた先生だ」と言われるようになってほしいと願っています。

2 初任者を育てる研修の徹底

校内独自の初任者研修

■ 初任者に足りない指導技術

本校では、教員の力量に左右されない授業づくりをめざしましたが、やはり教職経験がない初任者は、若手教員と比べても指導技術の差は明らかです。

板書の仕方、指名の仕方、掲示の仕方、プリントの配付の仕方、ノート指導をはじめ、話し方・表情・視線・身振りなどは、教育の専門職として必須の指導技術ですが、大学の教職課程で学ぶだけで十分に習得できるものではありません。

■ 初任者の研究授業を毎週行う

そこで、開校当初から校長の強い希望で、「校内初任者研修」として研究授業を毎週行いました。

A4サイズで１～２枚程度の簡単な指導案を用意し、副校長や教科の先輩が参観し、授業後に参観者がアドバイスをするという簡単なものでしたが、１年間、継続して行うことで、初任者の指導技術が確実に向上していきました。

■ 若手向けの研修会を月に１回行う

さらに月に１回程度、「授業力向上講座」という若手の教員向けの研修会を副校長が中心となって開催しました。

教育技術に関する本を課題図書として、参加者が毎月、章ごとにレジュメを作成して要旨を発表し、意見交換を行うという内容で、希望する南高校の初任者も参加できるようにしました。

また、副校長が初任研指導教員の経験があったため、「校内初任者研修」での講義の多くを副校長が行うようにし、「授業力向上講座」と合わせて、系統的で効果的な指導を行うことができました。

「職員室だより」の発行

開校から3年間、副校長が教職員向けに、通算で304号の「職員室だより」を発行してきました。

記事の内容は、学校運営や教職員の服務などの話から、指導技術や最新の教育情報など多岐にわたります。

組織内広報としての性格だけでなく、社会人としてのマナーや地域理解などの初任者研修の資料であったり、教員のキャリアステージに応じた研修資料としての機能ももっており、人材育成のツールとしても活用しました。

3 外部の力を取り入れる体制づくり

「教育顧問」という強力なアドバイザー

本校は、学識経験者や企業・団体の方に「教育顧問」をお願いしています。

開校前から教育委員会の判断で依頼しており、開校時には６名でしたが、その後少しずつ増えて、2015年度には９名となりました。

教育顧問には、主に校長の学校経営に助言する「学校経営アドバイザー」と、主に学校の教育活動を支援する「教育支援アドバイザー」の２種類を設けています。

教育顧問の方々には、中高一貫教育校としての特色づくりから授業改善まで、様々な角度からアドバイスをいただき、時には教員研修の講師にもなっていただきました。

外部の強力なアドバイザーがついたことは、横浜市で初めての公立中高一貫教育校を運営していくうえで、たいへん心強く、ありがたいことでした。

学校運営協議会の設置

地域に愛されつつ、公立の中高一貫校として今までにない新しい学校をつくり出すために、保護者・地域・学識経験者の皆様から意見を求め、合議する機関として、2012年度に南高校と本校に学校運営協議会が設置されました。

委員には、教育顧問、中高のPTA役員、地元の連合自治会長、同窓会長、後援会長、近隣の小学校長といった多彩なメンバーが選出されました。

中高一貫校は生徒を６年間で育てるため、中・長期の視点がたいへん重要です。

ところが、学校は日々の教育活動に追われ、短期の成果を出そうとして、単年度のPDCAサイクルに目がいきがちです。

そういうときに、学校運営協議会の委員に「めざす学校像」や「育てたい生徒像」と現在の学校の状況とのギャップについて指摘していただくことで、これから取り組むべき課題が明らかになり、中・長期の視点に立って学校運営の改善に取り組むことができました。

教育活動に外部の力を活用

本校では、生徒のためになることについては、積極的に外部委託（アウトソーシング）を行いました。

たとえば、EGG体験ではプロのファシリテーターやコーディネーターに生徒たちの研修をお願いし、EGG講座では様々な専門家に講義やアクティビティをお願いしました。

また、土曜日の発展的な特別授業では、前サイエンスフロンティア校長の佐藤春夫先生や、東京家政大学教授の太田洋先生に講師をお願いしました。

やはり専門的な分野においては、それぞれの専門家の方々にお願いする方が、教育の効果は高まります。さらに、外部の人材や教材を活用することは、社会に開かれた教育課程の実現にもつながります。

一般的に中学校の教員には、「自分たちの力で何とか生徒を指導したい」という気持ちがありますが、EGGや特別授業などの取組は、本校の教員だけではとてもやってこられなかったと思います。

アドバイザーによる授業クリニック

学校経営アドバイザーである横浜国立大学教授の髙木展郎先生（現名誉教授）に、年に数回、授業を見ていただき、ご指導いただきました。

普段どおりの授業に対してご指導いただくことが重要と考え、あえて指導案などを用意しない授業を見ていただきました。

髙木先生は、１時間の授業時間内に複数の授業を精力的に見て回られた後、授業の合間の休み時間や放課後に、各教員に先ほどの授業について的確なアドバイスをしてくださいました。時には前回からの改善点の評価や、励ましの言葉などもいただきました。

この取組は、正式には「授業研究会」という名称ではありますが、研究協議会などもなく、実質的には、髙木先生による個々の教員に対する「授業クリニック」でした。

この授業クリニックによって、多くの教員が授業の悩みを解決し、改善していくことができました。教科会によっては、教科の教員全員で自分たちの研究の取組についての相談をすることもあり、本校の授業力向上にとってたいへん効果的なクリニックでした。

授業公開の日常化

教員の授業力を向上させた要因の１つに、授業公開が日常化していたという本校の環境があります。

開校したばかりの本校に対する関心は高く、2012年度の視察は100件（322人）あり、2013年度は137件（364人）にもなりました。視察で授業をご覧になる方々の多くは、学校関係者や大学の先生方といった教育の専門家です。

１週間に数件の視察は当たり前で、多いときには１日に３件の視察が入るときもありました。
この他にも、保護者向けの授業参観やEGGの授業公開などが頻繁にあり、また年に一度の小学生とその保護者向けの授業公開日には半日で約3,000人が参観しました。
このように、日常的に授業公開をしている状況にあったので、教員にいつも授業を見られているという意識が高まり、一つひとつ意図をもって指導するようになり、授業力の向上にもつながりました。

公開授業発表会の開催

開校２年めの2013年度に、校長の発案で「公開授業発表会」を開催しました。
共通テーマを「言語活動の充実」として、各教科ごとにサブテーマを設定し、授業実践と検証を積み重ねていきました。
たった８クラスしかない小さな学校の公開授業発表会でしたが、発表会の当日は数百人の参加者がありました。
各教科の指導は、髙木展郎先生、東京学芸大学名誉教授の金谷憲先生、前横浜市立中学校社会科研究会長の高橋和男先生らにお願いし、中高一貫教育の課題については、玉川大学大学院教授の坂野慎二先生に講師をお願いしました。
この公開授業発表会を通じた授業力向上の効果に手応えを感じ、翌年度からは南高校と合同の「公開授業研究会」となり、これをきっかけに中高の教科会の活動が活発化していきました。

4 校長自らによる研修の実施

学力の課題解決に向けた校長研修

■ プレゼン資料を示して課題を共有する

本校では必要に応じて、校長が講師となり、生徒の学力の課題を明確にして、課題解決への方向性を示す研修会を開催しました。

様々な学力調査の結果からグラフや表などの資料を作成し、それに基づいて、校長が生徒の学力状況を分析しました。

研修会ではデータに基づく様々なプレゼンテーション資料が示され、教員たちは生徒の学力についての状況・課題を理解・共有し、各教科・各学年で学力向上のための対策を考え、実行に移していきました。

■ 高い学力という市民への約束を守るために

それまで勤務していた中学校では、ここまで詳しく学力についてのデータを検討した経験のない教員が多く、最初は戸惑うこともありましたが、「高い学力を育成することは、学校案内のパンフレットにも書いてあります。これは市民への約束です。私たちはその約束を守らなければいけないんです」という校長の話を聞き、皆、納得しました。

開校4年めからは「学力向上委員会」という組織を新設し、学力調査の分析・資料作成などを、教員が組織的に行うようになっていきました。

 中高一貫校という特殊性への理解を深める研修

また、本校は横浜市で初めての公立中高一貫教育校だったので、着任した教員は、まず公立中高一貫教育校について理解しなければなりませんでした。

一方、初代校長は、大学院で公立中高一貫教育校について研究しており、開校準備の段階から本校のめざす教育内容を熟知していました。

そこで、南高校および本校に異動してきた教員には、着任した日に校長から、公立中高一貫教育校の法律上の位置づけからめざす学校像などの説明を受ける、「中高一貫教育校研修」を受けてもらいました。

5 教員のオーバーワークの防止

教員のモチベーションを保つために

学校には様々な業務や指導すべき内容があり、教員の多忙な状況を生んでいることから、現在、本格的な働き方改革が求められています。

さらに本校には、志願者向けの学校説明会、学校案内パンフレットやポスターづくり、入学者選抜業務、海外研修旅行など、他の公立中学校にはない業務がたくさんあります。

そこで、教員のモチベーションを保つために、まずオーバーワークを防止することを心がけました。

授業を優先するための部活動制限

授業優先主義の徹底

「何よりもまず授業を優先」という仕事の優先順位の方針を、校長から教員に示しました。これはつまり、教育課程の内容を最優先にするということです。

したがって、教育課程外の教育活動である部活動については、次のようにある程度の制限を行いました。

全国的に部活動のあり方が見直されつつありますが、本校は一歩先に取り組んでいたことになります。

部活動の朝練なし

学区が横浜市内全域であり、一部学区外から通学している生徒もいるため、部活動の朝練は行わないことを定めました。

生徒の健康と安全のためですが、同時に教員の負担感が大幅に減ったことは言うまでもありません。

部活動は最大で週４日

火曜日と木曜日は授業が７校時まであるため、平日の部活動は月・水・金の放課後に週３日の実施としました。

土曜日と日曜日については、土曜授業が月２回あることから、生徒と教員の負担軽減を考慮して、土・日のどちらか１日のみ活動できるようにしました。

したがって、平日３日と土日の１日で、部活動の実施は最大で週４日となります。

部活動の入部は６月から

１年生の部活動の入部は、６月からとしました。

これは、４月・５月の時期を、入学してきたばかりの１年生が中学校の生活や学習に慣れる期間としためです。EGG体験を中心に、望ましい人間関係を構築したり、中学校での学習の仕方や家庭学習の習慣化を徹底しました。

そして、中学校最初の定期テストである前期中間テストが終わった６月から、部活動の入部をスタートさせました。

他の中学校よりも約１ヵ月遅いスタートですが、中学校での新しい生活や学習に慣れてから部活動という新しい活動に取り組むことになるため、１年生の負担感が少なくスムーズに実施でき、部活動の運営上もとくに問題はありませんでした。

また、教員にとっても、入部の手続きや新入部員への指導を、年度はじめの最も多忙な4月中にしなくて済む分、負担感が分散されました。

■ 実施時間が少なくても高い満足度

以上のような制限によって、部活動の実施時間は少なくなりましたが、その分集中した活動となり、生徒の満足度調査でも部活動への満足度は高く、良い成績を出す部活動もありました。

また、こうした部活動の制限については、学校説明会で説明し、ホームページにも掲載して、生徒・保護者によく理解したうえで入学してもらうようにしました。

計画的な振替の取得

本校は、学校説明会、志願者説明会、入学者選抜業務、土曜授業など、部活動以外でも休日に勤務することが多い学校です。

休日勤務をした場合は、その前後で振替を取ることになっていますが、事後に振替をしようとする教職員が多いため、振替可能な期間が限られてしまいがちです。

そこで、4月当初に、あらかじめ年間の休日出勤予定日と振替可能な期間の一覧表を示して、事前にも振替が取れることを周知し、計画的に振替が取れるようにしました。

学校用グループウェアの導入

■ 中高間のコミュニケーションの難しさ

開校した2012年度の冬、施設の改築によって、それまで別々だった南高校と本校の職員室が１つになりました。

しかし、南高校の教員は教科職員室や各指導部の部屋で校務を行うことが多かったため、本校の教員となかなかコミュニケーションをとることができませんでした。

■ 情報共有がスムーズになり業務も減る

この課題を解決するために、中高合同で学校用のグループウェアを導入しました。

このグループウェアは、コンピュータ上で、

- 連絡事項やスケジュールを全教職員で共有できる
- 校内の施設予約ができる
- 全教職員にアンケート調査ができる
- 校内の個人やグループに、メッセージや添付ファイルを送信できる

という機能があります。

このグループウェアの導入によって、教職員間の情報共有がスムーズになり、打ち合わせの時間が短縮され、配付物の印刷も減らすことができました。

6 素早い意志決定を図る組織づくり

併設型の中高一貫校で生じやすい問題

■ 2世帯が同居している状態

本校のような併設型の中高一貫教育校は、1つの学校である中等教育学校とは違い、高校と中学校の2つの学校から構成されています。

両校のそれぞれに校長がいて、人事も予算も別であり、当然、教職員への指揮命令系統も別です。たとえて言うのならば、1つの家の中に2つの世帯が同居しているようなものです。

ですから、共同の部分と別個の部分を明確にしておかないと、様々な問題が生じる可能性があります。南高校と本校でも、その問題が生じてしまいました。

■ 高校の会議の後に、夜遅くまで会議

開校当初、1学年しかない本校の教員（9名）は、南高校の既存の組織の中に1つ増えた学年のように組み込まれていました。

しかし、南高校の各部会の会議に参加しても、カリキュラムが異なるため、EGGや道徳をはじめとした本校独自の取組について検討することができません。

そのため、南高校の会議が終了した後に、本校の教員だけで集まって夜遅くまで会議を行うことになりました。

校長の決裁の後、さらに高校の会議で検討

また、本校の事業を決める際には、担当者が立案して校内で検討し、校長の決裁をもらってから、さらに南高校の会議を通して、南高校の職員会議に提案することになっていました。

しかし、年度当初の４月はただでさえ多忙なうえ、新設校としての学校づくりにも着手しなければなりません。

このままでは、会議ばかりが多くなり、物事もなかなか決まりません。なるべく素早い意志決定ができる体制づくりが急務となりました。

本校独自の運営組織の立ち上げ

「ブリッジ型組織」への移行

そこで、効率のよい学校運営を最優先させるため、開校２週間めに南高校の管理職を説得し、一体化していた組織を一端白紙に戻して、南高附属中としての組織を独自に立ち上げました。

そして、南高校と本校の組織のあり方についてまとめた「中高合同組織基本プラン」を策定し、中高がそれぞれの組織で学校運営を行うことを基本としながら、２つの組織をつなぐ（ブリッジ）部分に中高合同の組織・会議を設けて、「ブリッジ型組織」とすることを定めました。

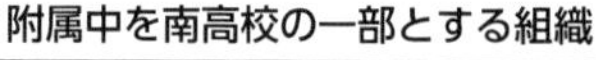

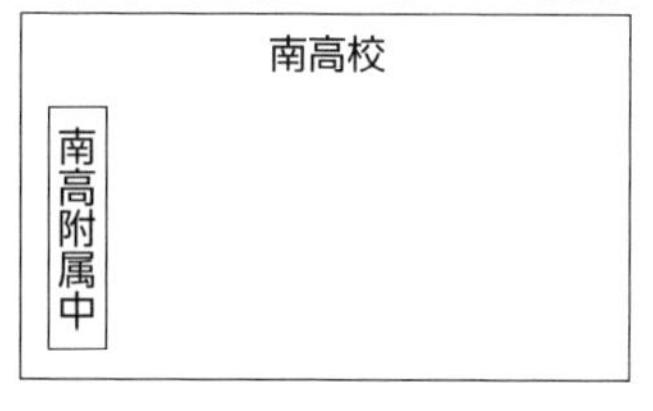

ブリッジ型組織

南高附属中　ブリッジ　南高校

資料　ブリッジ型組織の全体構成

【南高附属中の組織】	【ブリッジ部分の組織】	【南高校の組織】
校長・副校長	(1) 合同管理職会議	校長・校長代理・副校長
職員会議	(2) 合同職員会議	職員会議
企画会	※南高の主幹会に南高附属中の教務主任が出席	主幹会
学年会		学年会
教科会	※必要に応じて合同で開催	教科会
部会	(3) 代表同士の連絡・調整	セクション会
・教務部		・教務部
・総務部		・総務部
・生徒会指導部		・生徒会部
・学習指導部　図書視聴覚係		・図書情報研究部
学習係		・進路学習部
ＥＧＧ係		
研究係		
・生徒指導部　保健安全指導係		・生活部
生徒指導係		
学級指導係		
道徳指導係		
部活動指導係		
・入選部		

※南高附属中の教員は１人につき３つの部会に所属し、南高校の教員は１人につき１つの部会に所属する。

このブリッジ型組織は、副校長が前任校の小中一貫校で計画・実践し、成果を上げてきたものです。

本校と南高校とでは、**資料**のように組織を構成しました。

中高合同の会議をブリッジ部分に設定

ブリッジ部分の組織・会議には、中高両校の管理職により共通の学校運営に関する方針を協議・決定していく「合同管理職会議」、中高両校に関する行事や事業の提案・報告などを行う「合同職員会議」、各校務分掌の代表同士で連絡・調整を行う「部会」などを設けました。

会議運営のポイントとして、「合同職員会議」では、中学校の学校説明会や高校の修学旅行など、相手校の教職員に直接関係のない事業については議題としないようにしました。

また、各校務分掌の「部会」の後には、グループウェアを活用して各会議の内容を相互に交換し合うようにしました。

素早い意志決定プロセスの明確化

校内の会議を４種類に整理

本校独自の組織を立ち上げた後も、新設校として校内で決めなければならない事項が膨大なため、毎月１回の職員会議では、とてもじっくりと時間をかけて審議することができません。

この問題を解決するために、まず本校で行う会議を、その性格から以下の４種類に整理しました。

(1) **発案会議（担当部署の会議）**

課題や問題を解決するために、アイディアを出し合い、事業をつくり出していくための会議

(2) **決定会議（校長・副校長・主幹教諭による企画会）**

教育活動やその他の学校運営の内容を決定するための会議

(3) **調整会議（関係部署間の会議）**

円滑な教育活動や学校運営のために、日程や場所などを調整し合う

ための会議

⑷　共有会議（全員が参加する職員会議）

　教職員全員で情報を共有するための会議

■ 具体的な会議のプロセス

　たとえば、新しいEGG講座を開設する場合は、次のようなプロセスとなります。

①発案会議……担当部署であるEGG係の会議で、意見を出し合い、企画を立案する。

↓

②決定会議……EGG係の長が企画会に提案し、企画会で検討して、校長が承認する。

↓

③調整会議……EGG係の長が、関係部署の代表者と日程や場所の調整を行う。

↓

④共有会議……EGG係の長が職員会議で報告し、全教職員に周知する。

■ 意志決定は毎週開催する企画会で行う

　このように、教育活動や学校運営に関する事項の決定は、全教職員が参加する職員会議（共有会議）ではなく、管理職と主幹教諭による企画会（決定会議）で行うことにしたのです。

　企画会は毎週開催されるので、発案から決定までの工程と時間が短縮され、素早い意志決定が可能となりました。

　意志決定のプロセスを明確にしたことで、校長の学校経営の方針が具現化しやすくなり、新しい教育課程の編成や修正もスムーズに行えるようになりました。本校のカリキュラム・マネジメントの実現に欠かせない要素と言えます。

7 信頼関係を築く広報活動

公立学校に広報の考え方を取り入れる

■ 選ばれるために、まず知ってもらう

本校は、通常の公立中学校とは異なり、市内全域を学区としていることから、「選ばれる学校」をめざす必要がありました。そのため、多くの市民に「南高附属中を知ってもらう」、そして「南高附属中に関心をもってもらう」ことに力を入れることにしました。

また、本校がめざすカリキュラムの実現には、EGGにおける体験活動などをはじめとして、地域住民、地元企業、その他関係者の方々からの協力が不可欠ですし、また、英語科の5ラウンド方式や「私の週プラン」など、本校独自の取組を実施していくうえで、保護者の方々からの理解を得る必要がありました。

■ 広報は信頼関係を築くための取組

そこで着目したのが広報（パブリック・リレーションズ）です。

広報とは、組織から様々な情報を提供して、関係者（パブリック）と信頼関係（リレーションズ）を築いていく機能のことです。組織の認知度を上げるとともに、イメージアップを図るための情報提供であり、宣伝や広告とは目的が異なります。

本校では、効果的な広報を展開していくため、総務部に「学校広報係」をつくって校内組織の中に位置づけ、次の活動に取り組みました。

 「学校広報係」の主な活動

■ 保護者・地域への広報

生徒、保護者、市民、地域、学校運営協議会、教育顧問、教育委員会、教育関係者（大学・民間教育機関等）などに、教育活動や学校運営の状況などの学校情報を提供しました。

これは、学校教育法43条に規定される情報提供でもあります。

具体的な活動として、①学校紹介用資料の作成・配布、②各種通信の発行（学年だより、学級だより等）、③各種ガイドの発行（入学案内、学校ガイド等）、④学校Webの運営、⑤イベントの開催（学校を開く週間、各種保護者会等）、⑥アンケートの実施（生徒満足度調査、授業評価調査等）、⑦会議の開催（学校運営協議会等）、⑧掲示物（壁面掲示、看板、横断幕等）などに取り組みました。

①の学校紹介用の資料には、自分たちの学校に誇りをもたせることをねらいとして、生徒に作成してもらったEGGのイメージキャラクターを掲載しました。

⑤の保護者会では、達成できていない部分も含めて学力の現状を正直に伝えるようにし、PTA委員の方と年に数回懇話会を行って、学校運営に保護者の意見をなるべく取り入れるようにしました。

■ 入試に関する広報

本校への入学を考えている児童とその保護者に、教育活動と受検に必要な情報を提供しました。

具体的な活動として、①学校説明会案内のチラシ・ポスターの配布、②学校パンフレットの発行、③イベントの開催（学校説明会・施設見学会・志願説明会等）、④学校Webの運営などに取り組みました。

②の学校パンフレットのキャッチコピーは、１年生の国語の授業で

生徒が作成に取り組んだ作品を掲載しました。

③の学校説明会では、1・2年生に学校紹介をしてもらい、受検を考えている児童と保護者に在校生の生の声を伝えるようにしました。

■ パブリシティ（マスメディアへの情報提供）

新聞や雑誌などのマスメディアに対して記者発表やプレスリリースの配布を行い、教育活動や学校運営の状況などの情報を意図的に提供しました。

具体的な活動として、①教育委員会による記者発表、②プレスリリースによる情報提供・取材協力などに取り組みました。

宣伝や広告とは違い、提供した情報が必ず掲載されるわけではありませんが、信頼度の高いマスメディアに取りあげてもらえれば、説得力のある情報として多くの人に伝えることができます。

■ 教育活動・研究活動に関する広報

教育研究会・教育機関・出版社などに、本校の特徴的な教育活動や研究活動の情報を提供し、教育活動・研究活動の計画や成果を発表しました。

具体的な活動として、①研究発表会での発表（中高一貫教育研究会、公開授業研究会）、②各種研究団体（公的・民間）への協力、③教育団体の会報誌への取材協力などに取り組みました。

■ 校内への広報

教職員に、学校経営方針や学校運営の状況・留意点などを周知し、相互のコミュニケーションを図りました。

具体的な活動として、①職員室だよりの発行、②教職員用グループウェアの運用、③会議・研修会等の開催、④面接の実施などに取り組みました。

これらの広報活動のほか、危機管理時に素早く情報収集を行い、提供・公表すべき情報の整理を行う「危機管理広報」にも取り組みました。

 学校の価値を高めるブランドづくり

以上のような広報活動のほか、本校の価値を高めていく戦略として、意識的に学校の「ブランドづくり」にも取り組みました。

その結果、「南高附属中と言えばEGG」や「南高附属中と言えば英語教育」というイメージがある程度築かれましたが、その他にも、次のような取組を行いました。

■ 略称の統一

本校の正式名称は「横浜市立南高等学校附属中学校」と長いため、略称で書かれることがよくあるのですが、「南中」「横浜南」「市立南」「南附中」「南高附属」などバラバラでした。

そこで、学校が発信する場合の略称をすべて「南高附属中」で統一し、名称の管理を行いました。

■ 服装の統一

いつ視察があってもいいように、男性教員はスーツ、女性教員はそれに準じた服装とし（夏季のクールビズは除く）、名札の着用を義務づけました。これだけで来校者の第一印象は違ってきます。

また、生徒も制服をしっかりと着用し、けじめのある生活態度になるというメリットもあります。

■ スクールカラーの設定

スクールカラーは、南高校と同じ「えんじ色」を設定し、中高一貫教育校としてのブランド形成に努めました。

おわりに

　ここまで、南高附属中のカリキュラム・マネジメントに関する具体的な取組を紹介してきましたが、最後に、本校の教育が成果をあげてきた大きな要因を３つあげてみたいと思います。

　１つめの要因は、「しっかりとしたマネジメントを行っていること」です。

　マネジメントというと、PDCAサイクルに目がいきがちですが、それ以上に重要なのは「ビジョン」です。つまり、その組織の「使命」を明確にし、その使命を達成するための「事業」を規定することです。

　本校の場合、横浜市教育委員会がしっかりとした基本計画を策定し、本校の使命である「教育目標」や「めざす学校像」などを明確にしていました。

　そして、民間企業での勤務経験がありマネジメント力にも長けていた高橋初代校長が、それらを具体的な目標設定に落とし込み、達成に向けた事業を適確に規定し、学校全体を動かして取り組んできたことが、本校の教育が成功した最も大きな要因だと考えます。

　２つめの要因は、「しっかりとした行政のサポートがあったこと」です。

　本校の開校式では、横浜市教育委員会の今田教育委員長（当時）より、「教育委員会は南高校および附属中学校を全面的に応援していきます」との力強い言葉をいただきました。この言葉通り、教育委員会には開校後も様々な面で協力をいただきました。

施設面、人事面、制度面の課題においては、学校の努力だけで解決できないことも多く、教育委員会のバックアップは必要不可欠でした。

また開校初年度は、担当部長をはじめ、高校教育課の指導主事や事務職員が来校して課題を共有し、解決に向けた相談や打ち合わせを頻繁に行ったおかげで、円滑な学校運営を実現することができました。

新しい学校をつくるまでだけでなく、つくってからも、このような教育委員会のサポートは必要です。

３つめの要因は、「強い意志をもっていること」です。

古代中国の『後漢書』耿弇伝（こうえんでん）に、「有志者事竟成也」（志ある者は事ついに成るなり）という言葉があります。「しっかりした志があれば、必ず最後には事を成しとげることができる」という意味です。

高橋初代校長は常々、「意志堅固」、「情熱をもって取り組む」という言葉を使っていましたが、まさに「有志者事竟成也」でした。

別な言い方をすれば、「よい学校をつくりたい」という強い意志をもって、強いリーダーシップを発揮していたということです。

また、他校の事例に学び、先を見通して様々な対策を打ってきました。「問題が起こってから対応する」のではなく、「先に手を打つ」ことが本校の教育の特色です。

これは何よりも、本校を選んで入学してくれた生徒と保護者への責任感が基盤となっています。

以上、本校の教育の成果の要因をあげましたが、中高一貫教育校としての真の成果は、数年後、数十年後に、生徒たちが高い志と幅広い視野をもって世界で活躍してくれるときに明らかになります。将来、そうなることを願ってやみません。

2017年度からは横浜市で２校めの附属中学校が開設され、中高一貫教育校への市民の選択肢がさらに広がりました。市民の期待に応えられる中高一貫教育校として、互いに切磋琢磨して、さらに成長していってもらいたいと思います。

本校の教育の概要や成果についての説明は、これまで主に学校説明会や学校視察に来られた方に直接プレゼンテーションしてきました。

しかし、新聞や雑誌の記事などで本校の教育実践が断片的に紹介され、口コミで伝わったことで、多くの方々から本校の教育の全体像を知りたいという声をいただくようになりました。しかし、研究校ではないので研究紀要もありません。

そこで今回、開校から数年間に取り組んできたことについて、高橋初代校長とともにカリキュラム・マネジメントの視点からまとめたものが本書となります。本校の実践が少しでも他の学校の役に立つことができれば、これほど嬉しいことはありません。

最後となりましたが、本書の作成に協力してくれた先生方、編集にあたってくれた教育開発研究所編集部の武田宣大氏に、深く感謝の意を表します。

2019年３月

横浜市立 南高等学校附属中学校 初代副校長

小藤　俊樹

［著者紹介］

高橋　正尚（たかはし・まさなお）【序章～第４章を執筆】

鎌倉女子大学教授。当時、市内で最も荒れていた中学校を「１年間で立て直す」計画を立て、見事に落ち着かせる。このとき得た課題解決の経験を活かし、南高附属中では初代校長として生徒の高い満足度と高い学力の実現を果たす。現在は、鎌倉女子大学初等・中等教育部の統括部長（統括校長）として、学校づくりに邁進している。著書に『学校改革請負人』（中央公論新社、2017年）ほか多数。

小藤　俊樹（ことう・としき）【第５章～第８章を執筆】

鎌倉女子大学教授。横浜市初の小中一貫校である西金沢小中学校（当時）の副校長として、開校準備から開校後のマネジメントに携わる。南高附属中でもその経験を多いに発揮し、マーケティング戦略、ブランド戦略、広報戦略などを進め、高橋初代校長とともに学校経営の基盤を築く。平成17年度横浜市最優秀教員表彰、平成18年度文部科学大臣表彰（優秀教員）。

成功事例に学ぶ
カリキュラム・マネジメントの進め方

2019年４月５日　初版第１刷発行

著　　者　高橋　正尚
　　　　　小藤　俊樹
発 行 者　福山　孝弘
発 行 所　株式会社　教育開発研究所
　　　　　〒113-0033　東京都文京区本郷2-15-13
　　　　　電話03-3815-7041／FAX03-3816-2488
　　　　　http://www.kyouiku-kaihatu.co.jp/
装　　幀　栗本　順史（株式会社明昌堂）
印 刷 所　第一資料印刷株式会社
編集担当　武田　宜大

ISBN　978-4-86560-512-9　C3037

乱丁・落丁本はお取り替えいたします。
定価はカバーに表示してあります。